Evemarie und Frank Löser

Ostseebad Insel Poel

Wie der Kohl auf die Insel kam…

und weitere Sagen und Geschichten

mit Sagen un Geschichten up Peuler Platt – in dat Plattdütsche oewerdragen von Hanns-Erich Winkelmann, Kirchdorf / Peul

In jeder Sage liegt ein tiefer Sinn. Darum sollten wir sie nicht nur lesen, sondern ihren Sinn ergründen. Ist uns dies gelungen, dann haben wir ihn gefunden. (Aus „Den Weg ins Sagenland!" Reinhold Gerling, 1907)

Gefördert durch:

Landesheimatverband Mecklenburg-Vorpommern
Sagen und Kulturverein Mecklenburg-Vorpommern e.V.
Stiftung für Ehrenamt und bürgerschaftliches Engagement in Mecklenburg-Vorpommern

Impressum

Umschlaggestaltung: Harald Rockstuhl, Bad Langensalza

Titelbild: Kirche in Kirchdorf. Foto Frank Löser

Rückseite: Übersichtskarte von Harald Rockstuhl

2. Auflage 2022

ISBN 978-3-95966-608-4

Layout: Harald Rockstuhl, Bad Langensalza

Druck und Bindearbeiten erfolgen in Deutschland

Gedruckt auf alterungsbeständigem Papier nach ISO 9706

Die Deutsche Nationalbibliothek verzeichnet diese Publikation in der Deutschen Nationalbibliografie. Detaillierte bibliografische Daten sind im Internet über *http://dnb.d-nb.de* abrufbar.

Inhaber: Harald Rockstuhl
Mitglied des Börsenvereins des Deutschen Buchhandels e.V.
Lange Brüdergasse 12 in D-99947 Bad Langensalza/Thüringen
Telefon: 03603 / 81 22 46   Telefax: 03603 / 81 22 47
www.verlag-rockstuhl.de

Inhaltsverzeichnis

Vorwort

Die Ostseeinsel Poel wurde 1163 erstmals in einer Urkunde erwähnt. Diese wurde von Heinrich der Löwe, Herzog von Bayern und Sachsen, unterzeichnet. Der Name ‚Poel' – einst auch `landtlein zu Pöle` genannt – bedeutet flaches Land. Auch die Ableitung vom altnordischen ‚Phol' (germanische Mythologie) wird vermutet. Mit 37 km² steht die Insel an 7. Stelle in der Auflistung deutscher Inseln. Sie hat eine besondere Anziehungskraft–das belegen auch die vielen Besucherzahlen dieses Eilandes. Die höchste Erhebung der Insel, der Kickelberg, ist 27 m hoch.

Historisch interessant ist, dass Poel im Redentiner Osterspiel anno 1464 erwähnt und damit auch literarisch verewigt wurde. Ob dieses Theaterstück jemals zur Aufführung kam, ist nicht belegt. Geschrieben wurde es wahrscheinlich für eine geplante Aufführung in der Stadt Wismar. Der Zisterziensermönch Peter Kalff (1440–1465?) gilt, wenn auch nicht nachweisbar, als der Autor. Er schrieb in dem Stück u.a. folgendes nieder (Auszüge aus Übersetzungen; s. Literaturverzeichnis):

...Der erste Ritter:

Wache, kühner Ritter!

Zwischen Hiddensee und Möen

da seh ich wohl zwei,

die auf der wilden See schwimmen,

in einem Schiff, so dünkt es mich.

Stolzer Ritter, nun hüte dich!

...Zweiter Ritter:

Wächter, lieber Bruder,

sag mir, wenn sie bei Poel sind!

Dann will ich mich zur Wehr setzen

und meine Gesellen ermutigen.

Johannes Gillhoff (1861–1930) hat in seinen Roman „Jürnjakob Swehn–der Amerikafahrer" der Insel samt dem ganzen mecklenburgischen Land ein Denkmal gesetzt. In seinen Erinnerungen an die alte Heimat schreibt Jürnjakob aus Amerika an einen Brieffreund in Mecklenburg:

…‚Auch hab ich einen Sonntag gesehen, da predigte er wieder gewaltig, und dazu schlug er mit der Faust auf die Kanzel. Da fiel ein großes Stück Kalk von der Wand. Es war noch in der alten Blockhauskirche. Mein Nachbar sprach: Nun tut ihm die Hand acht Tage lang weh, und wir haben den Schaden davon, denn wir müssen den Fleck nun wieder ausweißen lassen. Aber ich hatte es wohl gesehen, der Kalk war an der Stelle schon vorher eingesprungen und nun fiel das Klacken herunter. Ich habe nachher noch oft nach der Stelle hingesehen, solange die Kirche stand. *Denn sie sah ungefähr so aus wie Land Mekelborg auf der Karte. Auch war daneben noch ein kleines Stück abgesprungen, das war die Insel Poel bei Wismar.* Das hab ich ganz gern gesehen, denn der Mensch muss immer was Festes vor Augen haben. In der Kirche auch. Und den Pastor kann man nicht immerzu ankucken'…

Hier spricht die Sehnsucht des Amerikafahrers nach seiner mecklenburgischen Heimat ganz tief aus seiner Seele.

Mit dem Westfälischen Frieden 1648 gehörte auch die Insel Poel zur schwedischen Krone. 1803 brachte der Herzog Friedrich Franz I die Insel Poel gegen ein beachtliches Pfand für 100 Jahre wieder in den Besitz Mecklenburgs. Weil Schweden 1903 auf die Insel verzichtete blieb das bis heute so.

Auf einer Postkarte von 1904 sehen wir eine Farblithografie zu diesem Anlass mit der Silhouette von Kirchdorf, König Oskar II von Schweden (1829–1907) und dem Großherzog von Mecklenburg-Schwerin Friedrich Franz IV (1882–1945). Auch auf der Insel Poel wurde dieser historische Anlass gewürdigt: An die Fischer wurden mecklenburgische Flaggen verteilt und es gab ‚suer Äten', süßsauer zubereitete Bohnen.

In seinem Buch „Die Insel Poel und der Klützer Winkel" beschreibt der mecklenburgische Schriftsteller Fritz Meyer-Scharffenberg (1912–1975) höchst amüsant und mit viel Einfühlungsvermögen die

Die mecklenburgische Flagge weht wieder auf der Insel Poel.
Postkarte von 1903 (Sammlung Dieter Conell)

Ostseeinsel Poel und ihre Bewohner. Fritz Meyer-Scharffenberg informiert darin auch über das Poeler Wetter: „Wenn über dem Festland grelle Blitze zucken, Wismar in dunkle Wolken gehüllt ist, dann bleibt es, wie gesagt, auf Poel zur großen Freude der Badegäste noch lange trocken."

Das konnten wir zu unserer Freude bei den zahlreichen Aufenthalten auf der Insel genauso erleben. Bei unbeständigem Anreisewetter konnten wir ab Wismar aufatmen: Richtung Insel begrüßten uns große weiße Wolken und Sonnenschein...

Die ausgewiesene Sagenstraße der Ostseeinsel Poel, die in zeitlich loser Folge erweitert wird, bietet ein interessantes Angebot zum Kennenlernen der Insel und ihrer Geschichte(n). Mit Skulpturen gekennzeichnete imposante Findlinge erinnern an historischen Standorten an die Sagen. Diese visualisierten Sagen sind in unseren Aufzeichnungen mit einem * versehen.

Nicht alle Sagen dieser Ostseeinsel konnten einem Ort zugeordnet werden. Diese haben wir unter den folgenden ‚Sagen der Insel Poel' eingeordnet.

Wir möchten uns bei allen bedanken, die in vielfältiger Form dabei halfen, dass dieses Buch erscheinen konnte. Unser besonderer Dank gilt:

dem Ehepaar Maria-Luise und Hanns-Erich Winkelmann, Kirchdorf; Frau Lisa Mißfeldt, Plate; Herrn Pastor Johannes Staak, Kirchdorf; Herrn Pastor Paul Glüer, Neukloster; Herrn Dr. Nils Jörn, Kreisarchiv Wismar; Frau Ute Kluge, Kreisarchiv Grevesmühlen; Herrn Jürgen Pump, Kirchdorf; Frau Rothild Gerath, Malchow; Herrn Markus Frick, Kurdirektor Insel Poel, Kirchdorf; Herrn Dieter Conell, Raben Steinfeld; Herrn Hans-Joachim Lembke, Niendorf; Frau Monika Feiler, Wangern; Herrn Dr. Christoph Schmitt, Wossidia Archiv Rostock; Herrn Wolfjürgen Schulz, Neuhof; Frau Sabine Brauer, Karl Christian Klasen Gesellschaft e.V., Malchow; Herrn Dietmar Brauer, NPZ Malchow, Frau Sabine Witt, Göhren.

Dem Verlag Harald Rockstuhl, Bad Langensalza, gilt ein herzliches DANKESCHÖN für die kompetente Beratung und Unterstützung bei der Herausgabe dieses Buches.

Göhren im Spätherbst 2021 *Evemarie und Dr. Frank Löser*

Sagen der Insel Poel

War Gott ‚Balder' hier zu Besuch?

Der germanische Gott ‚Balder', auch ‚Baldur' genannt, zum Geschlecht der Asen gezählt, soll einst vor sehr langer Zeit die Insel Poel besucht haben. Nach ihm wurde hier eine besondere Form der Windbretter an reetgedeckten Gebäuden der Insel benannt. Auf einem senkrechten Brett ist oben eine kreisförmige Scheibe, die in 3 bis 5 strahligen Zacken endet, dargestellt. Diese Art Giebelbretter wurden von uns bis jetzt nur auf der Insel Poel vorgefunden.

Hafen in Kirchdorf / Kirchsee, Ostseebad Insel Poel

Die Insel und die gesamte Landschaft gefiel dem germanischen Gott Baldur außerordentlich gut und deshalb bedachte er sie mit einem besonderen Licht. Er, der Gott Baldur, soll so schön gewesen sein, dass er jeden Ort den er betrat, also auch Poel, erhellte und in ein schönes Licht tauchte. Das geschah nicht von ungefähr, denn Baldur war der Gott des Lichts, der Reinheit, der Schönheit und der Tugend-

Der Baldurstab als Giebelzierde

haftigkeit. Er wird in der Sagenwelt auch als ‚Sonnengott‘ benannt, seine Frau Nanna, als Mondgöttin.

An bestimmten Abenden kann man dieses faszinierende Schauspiel des besonderen Lichts am Himmel über Poel erleben.

Landschaft auf der Insel Poel; Öl, von Karl Christian Klasen (1911–1945) / Inselmuseum Poel; © Sammlung der Karl Christian Klasen Gesellschaft e.V.; (Inv.-Nr.:2005 kck 146_0135)

Karl Christian Klasen

Der in Güstrow geborene Maler Karl Christian Klasen (1911–1945) lebte einige Jahre auf der Insel Poel und blieb ihr stets verbunden. 1932 erster Besuch auf Poel; ab 1933 bis zum Beginn des Krieges war Kirchdorf sein ständiger Wohnort. Auf der Insel war er sehr beliebt, er besuchte die Einwohner auch privat in häuslicher Atmosphäre.

Klasen starb im Februar 1945 an den Folgen einer schweren Kriegsverletzung.

Die Karl Christian Klasen Gesellschaft e.V. Kirchdorf möchte das künstlerische Erbe dieses Mecklenburger Malers bewahren und auf Poel etablieren. Dazu gibt es viele Aktivitäten in Kirchdorf und besonders im Museum. Zahlreiche Originale werden hier zu verschiedenen Themen gezeigt, Bücher und Kataloge zu den Ausstellungen veröffentlicht.

Clarawunde

Einst, als die heutige Insel Poel noch mit dem umliegenden Festland verbunden war, gab es hier ein Königreich mit einem stolzen Königssohn, den es eines Tages in die weite Welt zog. Vor ihm und seinem Diener breitete sich ein großer Wald aus, in dem viele Raben nach Futter schrien. Er wies seinen Diener an, das Pferd zu schlachten–als Futter für die Raben. Danach schickte er den Diener zum Schloss zurück und er ritt weiter in die weite Welt. Am Rand des Waldes sah er plötzlich einen wunderschönen Vogel in einer Baumkrone. Das Tier willst du haben, schoss es ihm durch den Kopf. Sein Pferd warnte ihn, aber er stieg schnell auf den Baum und griff nach dem Vogel. Der aber flog davon und nur eine einzige Feder blieb in seiner Hand. Auf dieser Feder sah er das Bildnis eines wunderschönen Mädchens. „Wer bist denn du?“ fragte er aufgeregt. „Prinzessin Clarawunde im verwunschenen Schloss“, antwortete da sein Pferd. Zügig ritt er weiter, erlebte viele Abenteuer und half noch einem Fisch und einem Riesen aus misslichen Situationen. Nach einigen Tagen lag vor ihm die

Stadt Ramm, in der Griesen Gegend*. Der dort herrschende König nahm ihn freundlich in seine Dienste, denn für seinen baldigen Krieg gegen Pommern konnte er noch gute Leute gebrauchen.

Die Feder mit dem Bildnis trug der Prinz aber immer bei sich. Wenn er allein war betrachtete er das Bild voller Sehnsucht. Dabei wurde er vom Sohn des Hauses überrascht, der ihm die Feder entriss und davon stürmend schrie: „Sie soll mein Eigen werden." Seine Traurigkeit über den Raub währte nicht lange, denn der König betrat sein Zimmer: „Schaffe meinem Sohn Clarawunde herbei und mein königlicher Dank wird dir zuteil." Der Prinz musste diesen Befehl ausführen und bereits am nächsten Tage zog er los. Ziellos ritt er ins Ungewisse und plötzlich flogen über seinem Haupt eine Schar Raben, jene Raben, die er hatte füttern lassen. Sie wiesen ihm den Weg. Nach vielen Tagesritten stand er vor einem Schloss, das mitten in einem See lag und nur durch eine Brücke mit dem Land verbunden war. Er ritt heran, doch Wachen versperrten ihm den Weg. Einen besiegte er, der andere rannte zurück ins Schloss. Der Prinz folgte ihm, doch da zerbrach die Brücke und er stürzte samt Pferd ins Wasser. Beide schwammen zum Schloss, doch dort lag als Wache ein Drachen. Ein Fischlein, dem er einst geholfen hatte, war plötzlich an seiner Seite und sprach: „Heute helfe ich dir, folge mir." Sie schwammen um das Schloss herum und er besiegte den Drachen im Kampf und tötete ihn. „Der Weg zu Clarawunde ist frei", rief der Fisch und war verschwunden. Wenig später stand er vor der wunderschönen Clarawunde. Er erzählte von seinem Auftrag und bat, dass sie ihm nun folgen möge. „Warum begehrst Du mich für einen anderen und nicht für Dich?" Er antwortete traurig: „Ich gab mein Ehrenwort!" Clarawunde kam mit ihm und sie wurden mit Jubel beim König empfangen. Doch es gab noch etwas zu tun, damit sie ganz frei sein konnte. Ihr Schloss musste nach Ramm gebracht werden, sonst müsse sie zurück und alles war umsonst. Ein erneuter Auftrag des Königs ging an den tapferen Prinzen und mit vielen Soldaten und Kriegsgerät zog er abermals los. Er traf auf den Riesen und erzählte ihm seine Geschichte. Der wackelte mit dem Kopf, schaute in die Runde und sprach: „Schick dein Heer zurück, es genügt nicht den Ansprüchen, ich und meine Freunde helfen dir." Wohl tausend Riesen hoben das Schloss aus dem See und trugen es nach Ramm. Der Prinz sah im Wasser einen tiefen Strudel und mit der

Hilfe des Fisches fand er dort den versenkten Schlüssel vom Schloss. In Ramm war das Schloss nun aufgestellt und es sollte Hochzeit sein. Aber die Prinzessin wollte nicht den feigen Prinzen, sondern ihren Retter freien. Sie sprach: „Mein Gemahl darf nur werden, der es wagt, von der Zinne meines Schlosses zu springen." Der junge König zitterte vor Angst und sprach zu seinem mutigen Helfer, nimm mich auf deine Schulter und spring mit mir hinab. So geschah es und nun lagen beide wie tot am Boden. Clarawunde eilte schnell herbei. Sie hatte drei Fläschchen am Busen versteckt: Eins, gefüllt mit dem Wasser des Todes, war für den feigen Königssohn bestimmt. Die beiden anderen, mit dem Wasser des Lebens und der Schönheit gefüllt, waren für den mutigen Prinzen und sie betupfte ihn ganz zärtlich damit. Der alte König starb vor Gram über die Feigheit seines Sohnes. Das Volk von Ramm rief den beliebten Prinzen von Poel zum König von Ramm aus und nun sollte endlich auch Hochzeit sein. Clarawunde und ihr geliebter Prinz wurden glücklich–und wenn sie nicht gestorben sind ... leben sie noch heute.

* *siehe „Sagen und Geschichten Ludwigslust und Griese Gegend" ISBN 978-3-95966-160-7*

Wie Poel entstand

Wenn wir die erdgeschichtliche Entwicklung unbeachtet lassen, dann sollen einst die hier wohnenden Riesen diese Region und auch die Ostseeinsel Poel erschaffen haben. Der Besuch der Verwandtschaft in Skandinavien, in Finnland und Schweden war für die Riesen nicht so angenehm. Die Freude auf den Besuch wurde durch die dazwischenliegende Ostsee, durch nasse Füße und nasse Beine, getrübt. Das mochten sie nun gar nicht. Die Riesen trafen sich und beratschlagten, wie man dieses Problem abschaffen könnte. *Heureka* dröhnte es durch die Luft: die Ostsee, die zwischen den Ländern liegt, wird zugeschüttet. Schon am nächsten Morgen begannen sie mit der Arbeit. Alle hatten riesige Schürzen umgebunden und große Schaufeln dabei. Emsig schaufelten sie den Sand in die Schürzen, trugen ihn hin zur Wasserkante und schütteten ihn dort aus. Allen machte es riesigen Spaß. Als der Tag endete besahen die Riesen selbstzufrieden ihre Arbeit. Sie war ungewohnt und schwer, aber der Schlaf dafür tief und fest. Mit den ersten Sonnenstrahlen des nächsten Tages ging es fleißig weiter. Am dritten Tag platschte ein Riese mit seinen Füßen plötzlich in eine Pfütze. Wieso war hier Wasser wo eben noch Sand lag? Er bückte sich und sah, wie erneut Wasser in die Pfütze floss. Also, wenn wir den Sand hier wegnehmen und die Ostsee zuschütten, entsteht hier ein neuer See und unser zuhause ist weg? Da reckte er sich riesengroß in die Höhe, rief mit lauter Stimme alle zu sich und übermittelte seine Gedanken. Alle waren seiner Meinung und erschrocken ließen sie den Sand planlos aus den Schürzen fallen; hier hin und dort hin. Auch der Chefriese war wütend, weil der schöne Plan so nicht aufging. Er stampfte mit dem Fuß in den Sand und der Fußabdruck lief voll Wasser. Die Insel Poel und der Kirchsee sollen so entstanden sein…

Hier beginnt die Insel Poel. Diese Brücke, 14 m lang und sehr wichtig, verbindet seit 1927 nach der Erweiterung das Festland mit der Insel.

Damals entdeckte man hier einen Holzträger (1843 datiert, vermutliches Baujahr). Der Breitlingdamm ermöglicht seitdem auch den Besuch mit Kraftfahrzeugen. Über einen Erddamm konnten bis dahin nur Pferdefuhrwerke die Insel erreichen.

Poeler Tracht*

Poeler Tracht, ausgestellt im Kreisagrarmuseum Dorf Mecklenburg

Die Poeler Tracht soll einst hier auf der Insel und auch auf dem angrenzenden Festland getragen worden sein. Sie zeigt, dass der Broterwerb der Poeler die *Fischerei* und der *Ackerbau* waren. Der Pastor Wilhelm Christoff Zastrow (Getauft 27.12.1736; Amtszeit in der Poeler Kirche 1763–1796) schrieb dazu im Jahre 1778 nieder: „Die Einwohner auf Poel machen gleichsam eine besondere Nation aus. Sie unterscheiden sich durch ihre Sprache, Kleidung und andere Gewohnheiten.“ Lag dies an der relativen Abgeschiedenheit der Insel oder daran, dass Schweden und Lübeck auf der Insel einmal das Sagen hatten?

Die Frauenkleidung hatte mehr braune Farbtöne, die der Männer war dunkelblau-grau.

Zur festlichen Bekleidung der Männer gehörte ein Tuchmantel in dunkelgrauer-blauer Farbgebung. Er wurde bis ganz oben zugeknöpft. Pastor Johann Jacob Musäus (1789–1839) schrieb über diesen Mantel: ...„er gibt dem Träger einen schönen langen Hals und einen gefälligen Wuchs.“ Ein buntes Tuch wurde um den Hals geknüpft und ein niedriger Hut mit einem breiten Rand saß auf dem Kopf.

Die Frauentracht bestand aus einem eng gefalteten dicken Rock in brauner Farbe. Darüber trugen die Frauen eine Joppe mit oben angekrausten ¾ langen Ärmeln, die am Handgelenk eng anlagen. Für die Frauenkleidung waren äußerst große Halsausschnitte typisch. „Es waren nicht ausschließlich Frauen von zweideutigem Ruf“, schrieb Friedrich Hottenroth (1840–1917) „die einen weiten Ausschnitt trugen, dies geschah von allen Frauen auf der Insel.“

*Der Kultur-, Heimat- und Sozialpflegeverein Poeler Leben e.V. widmet sich auch den traditionellen Trachten der Insel. Er zeigt und erhält deren Vielfalt.

Poeler Tracht, dargestellt um 1854 in einer Veröffentlichung von C. C. F Lisch. Gut sichtbar der gerügte weite Ausschnitt, der nicht durch ein Tuch, wie oft üblich, verdeckt ist. (Sammlung Dieter Conell)

Auch` richtigen Winter` gab es auf Poel. Blick zur Kirche - abgelichtet von Karl und Wolfhard Eschenburg in `Kirchen auf dem Lande`. (Sammlung Dieter Conell)

Das Beschwörungsbuch

In vielen Regionen, auch auf Poel, wird erzählt, dass eine Person das bekannte, aber meist nie gesehene Beschwörungsbuch, das ‚Siebte Buch Moses' besessen habe. Hinterbliebene der einstigen Besitzer wollten aus lauter Angst solche Hinterlassenschaft immer schleunigst loswerden. Dazu wurde es in den lodernden Backofen geworfen–aber so ein Buch verbrannte oder verkohlte nicht. Es kam aus dem Feuer immer wieder so heraus, wie man es hineingeworfen hatte.

Arztbesuch

Auf der Insel Poel war einst medizinische Versorgung durch einen Arzt nicht selbstverständlich. Zu Hausbesuchen fuhr der Arzt meist mit einer Pferdekutsche vor, die der Kutscher führte. Einmal stellte ein Arzt fest: „Auf Poel hat sich Steinhagens Knecht gestern ein Bein gebrochen! Da müssen wir wohl diese Woche noch hin!“– Ende der Ansage und dies natürlich up platt.

Poeler Kohlköpfe

Die Besiedlung der Insel ist auch eng mit dem Anbau und der Verbreitung von Kohl verbunden. Bereits seit dem Mittelalter (etwa 6.–15. Jh.) war ein Garten ohne Kohl nicht vorstellbar, denn er gehörte zur Alltagskost.

Die Slawen bewohnten bis ins 12. Jh. die Insel fast allein und bewirtschafteten den Boden mit ihren Möglichkeiten mehr schlecht als recht. Ihr Hakenpflug war nicht für den Inselboden geeignet.

Eine Sage erzählt, dass die Dänen die Insel Poel immer wieder übcrfallen hätten. Daraufhin wurde sie von den damaligen Einwohnern ganz und gar verlassen. Erst viel später erfolgte dann eine erneute Besiedlung–aus Friesland, von Holstein und dem Dithmarschen her. Nun könnte man vermuten, dass diese Siedler auch Samen oder Pflänzchen von Weißkohl im Gepäck hatten und der Weißkohl so auf die Insel kam und heimisch wurde.

Das Amt Poel hat für 1640 eine Niederschrift getätigt die belegt: ... dass die Bauern in diesem Jahre für etwa 100 M weißen Kohl verkauft hätten. Anno 1698 wurde urkundlich bestätigt, dass auf der Insel Poel in vielfältiger Art Kohl angebaut wurde. In Gärten und auf Äckern, auf den sogenannten Kohlhöfen oder Kohlgärten (Begriff für jegliche Art von Nutzgarten zu dieser Zeit) und im feldmäßigen Anbau, wurde vor allem Weißkohl in größeren Mengen angebaut. Die Bauern hatten damit ein relativ gesichertes Einkommen und konnten einen gewissen Wohlstand aufbauen. Für 1712 wird während der Zeit der Belagerung von Wismar festgehalten, dass Poel allein 6000

Schock weißen Kohl nach Wismar geliefert haben soll. So berichtet es der anerkannte Archivrat Ludwig Krause (1863–1924) aus Rostock. Es gab auch damals viele Neider und die Poeler Bauern wurden vom Festland mit dem Ökelnamen ‚Kohlköppe' bezeichnet. Nicht nur den einfachen Leuten schmeckte der Poeler Kohl. Auch dem Großherzog in Schwerin soll er gemundet haben. *‚Sogor der Großharzog hett dor von äten'*, erzählte man (Sogar der Großherzog hat davon gegessen).

Nun einige Weisheiten zum Anbau von Kohl:

„Wenn der Kohl gerät, verdirbt das Heu"

„Wenn Gallus (16.10.) kommt, hau ab den Kohl,
er schmeckt im Winter vortrefflich wohl."

Im Mai wird kein Kopfkohl gepflanzt:

„Weißen Kohl gepflanzt im Mai,
gibt Köpfe wie ein Ei"

Die erste Krautpflanze muss ein Mann setzen, damit das Kraut vom Wild verschont bleibt.

Weißkraut gedeiht gut, wenn es von einer Schwangeren in die Erde gesetzt wird.

Nach einer Sage ist der ‚Mann im Mond' ein Bauer, der nachts in des Nachbars Garten ging und Kohl stahl.

Der geerntete Kohl wurde mit der ‚Böterei' (mit Booten) nach Wismar und den anderen Absatzgebieten gebracht. Die Büdner und Arbeitsleute hielten sich größere und kleinere Boote. Damit wurden Korn und Menschen, im Herbst auch der Kohl (einst neben Aal und Korn ein Hauptprodukt der Insel) sogar bis nach Holstein verschifft.

Um der Landflucht vorzubeugen wurde die Erlaubnis erteilt, Häuser zu bauen und um die Gebäude herum eine Mauer. Auf der einen Seite dieser Steinmauer stand das Haus und auf der anderen Seite befand sich der Krautgarten.

Als spezielles Gemüse wurde nun auf Poel Kohl angebaut, nicht nur in den Gärten oder ‚Kohlhöfen', sondern auch im feldmäßigen Anbau. Dies ist für Malchow und weitere Orte der Insel bereits im Jahre 1698 in den Aufzeichnungen dokumentiert.

Feldmäßiger Kohlanbau und Einzelpflanze, kurz vor der Ernte. (Kartoffeln & Gemüse, Ikendorf / MV. Dr. Herwig & Monika Elgeti)

Es gab Zeiten, da war der Poeler Kohl auf dem Markt in Wismar schnell ausverkauft. Nun mussten sich die Bauern etwas einfallen lassen. Sie kauften den Bauern auf dem Festland billigen Weißkohl ab und verkauften den dann mit Gewinn auf dem Markt. Poeler Kohl war nämlich etwas Besonderes. Um die Tradition des Kohlanbaues nicht in Vergessenheit geraten zu lassen, finden die ‚Poeler Kohltage' wieder traditionell im Oktober statt.

Kohlbrot. (Foto Sabine Witt)

Viele Gaststätten und auch Bäckereien machen bei den jährlichen Kohltagen mit. Die Inselbäckerei bietet ihr spezielles Kohlbrot mit den Hauptzutaten Weißkohl, Zwiebeln und Speck zum Verkauf an.

Dorschfilet mit Sanddornkraut und Beilage/Poeler Spezialität. Köstliches Gericht im Restaurant ‚Am Lotsenturm' in Timmendorf-Strand verspeist.

Sanddornkraut

Zutaten: 1 kleiner Weißkohl, 1 mittelgroße Zwiebel, 4 EL Butterschmalz, 2–3 EL Sanddornsaft, frisch gemahlener schwarzer Pfeffer, Salz nach Geschmack, 2 EL Schmand, 200 ml Wasser

Kohl in sehr feine Streifen, Zwiebel in kleine Würfel schneiden. Mit dem Butterschmalz im Topf anschwitzen, das Wasser zugeben, Deckel aufsetzen, bissfest köcheln lassen. Danach den Sanddornsaft hineinfüllen, gut umrühren. Nach Wunsch mit Pfeffer und Salz abschmecken, vor dem Servieren mit Schmand verfeinern.

Schwanz schnuppern*

Haben Sie es schon gesehen, dass sich Hunde beim Begegnen am Schwanz schnuppern? Aber warum? Eine Sage, die auf der Insel Poel erzählt wird, erklärt uns den Grund:

In längst vergangenen Zeiten hatten alle Hunde der Insel das Privileg, sonntags eine Ration Fleisch zu bekommen. Nun aber geschah es, dass sich nach und nach die Bauern nicht mehr an diesen Brauch hielten. Die Hunde hielten nun Rat und waren sich einig, wir müssen zum Kloster Redentin und unser Recht einklagen. Sie schwammen gemeinsam durch die See zum Festland und forderten dort ihr Recht ein. Der Richter bestätigten ihr Recht und die Hunde bekamen das Urteil schwarz auf weiß ausgehändigt. Voller Freude wollten sie zurück, aber wie sollten sie das wichtige Dokument trocken durch die See bekommen? Eine Brücke gab es damals noch nicht. Da wurde die Urkunde fest zusammengerollt und dem größten Hund unter den Schwanz gebunden. Beim Schwimmen hielt der Hund den Schwanz sorgsam in die Höhe, aber bei der Ankunft auf der Insel war das wichtige Papier nicht mehr da. Ach du Schreck! Alle Hunde beteiligten sich nun eifrig an der Suche, aber die Urkunde wurde nie wieder gefunden–bis zum heutigen Tage nicht. Deshalb schauen Hunde beim Treffen noch immer unter den Schwanz des anderen und suchen nach dem Urteil. Es könnte ja sein…

Ein *Sagenstein dazu steht direkt an der Kreuzung in Fährdorf.

Das festgebannte Fuhrwerk

Es sollen meistens Schäfer gewesen sein, die das Festmachen beherrschten. Durch einen Zauberspruch, den sie ganz leise und fast nicht hörbar vor sich hin sprachen, konnten sie besonders Pferdefuhrwerke festmachen. Die waren dann nicht mehr von der Stelle zu bewegen. Diese Bannsprüche wirkten aber auch bei einzelnen Tieren. Wer dies kannte, wusste oft auch einen Gegenspruch oder eine Möglichkeit zum Beenden.

Einem Knecht hatte man das Fuhrwerk festgebannt, es ging nicht vor und nicht zurück. Der Fuhrmann sah einen Schäfer und ahnte es gleich, der war es! Er rief dem Schäfer mehrmals laut zu: „Lass das sein!“ aber das Fuhrwerk ging nicht von der Stelle. Wütend rannte er nun in die Schmiede, holte sich einen größeren Schmiedehammer und schlug damit kräftig auf die Deichsel seines Wagens. Der Schäfer, der bisher locker auf seinen Stab gestützt auf der Wiese stand, fiel plötzlich um und hatte am Kopf eine riesige Beule. Nun ließ sich das Fuhrwerk plötzlich wieder bewegen und fuhr weiter.

Der Rademacher

Stürmisches Wetter hatte schon immer für viele Menschen etwas Unheimliches, so auch auf der Insel Poel. Man flüsterte dann immer: „der Wauld zieht“ und es wurden Geschichten dazu erzählt. Auch diese:

Spät abends, bei stürmischem Wetter, marschierte einst ein Mann ganz allein von einem Dorf zum nächsten Ort. Da hörte er aus der Ferne eine raue barsche Stimme, auch Hundegekläff mischte sich darunter. Es mussten wohl größere und kleinere dabei sein. Einige Schritte vor ihm stand dann mitten auf dem Weg ein Wagen mit schwarzen Pferden. Das Gefährt war von laut kläffenden Hunden umgeben, die wild umhersprangen. Er nahm all seinen Mut zusammen und trat näher heran. Der Kutscher oben auf dem Bock bat ihn, die gebrochene Deichsel zu reparieren. Er sei doch ein Rademacher. Da überlegte er nicht lange, nahm sein Messer und begann mit der Arbeit. Es fielen reichlich Späne, weil er die Enden gerade schneiden musste. Dann ging alles relativ schnell und der Mann auf dem Bock sagte: „Ich habe nichts für dich, aber nimm dir als Lohn die Späne mit nach Haus!“ Das wilde Hundegekläff verstärkte sich, der Wagenlenker knallte mit der Peitsche und schon war er nicht mehr zu sehen. Rasch steckte sich der Rademacher einige Späne ein, denn geheuer war ihm die Sache nun nicht mehr – nur schnell nach Hause. Dort lehrte er die Taschen vor dem Ofen und legte sich todmüde nieder. Als er am Morgen erwachte, war aus den Spänen Geld geworden. Es soll altmecklenburgisches Geld, als ‚Zwei-Drittel‘ bezeichnet, gewesen sein. Überglücklich und doch gierig nach mehr rannte er zu der Stelle zurück. Es war nichts mehr zu sehen – nicht ein Span erinnerte an die nächtliche Reparatur.

‚Zwei-Drittel‘ Taler, einst mecklenburgisches Zahlungsmittel. Herzog Friedrich Franz I. von Mecklenburg-Schwerin ließ diese Taler 1789 in Schwerin prägen. (Foto: Staatliche Schlösser, Gärten und Kunstsammlungen Mecklenburg-Vorpommern, Münzkabinett)

Die Feuerkugel *

Ein Bettler klopfte einst bei einem reichen Bauern an und bat um ein Almosen. Der gab ihm auch etwas von seinem Reichtum ab. Da bedankte sich der Bettler mit den Worten ‚Gott segne es', doch es kam kein freundliches Wort, sondern nur ein abweisendes barsches ‚Gottes Segen brauche ich nicht' zurück. Der Alte ging bei seiner Bettelei von Haus zu Haus und erzählte dabei auch diese Geschichte. Zur Strafe für diese Überheblichkeit fand der Reiche nach seinem Tode im Grabe keine Ruhe. Er musste als nächtliche Feuerkugel, auch als ‚Lücht' oder ‚dei Lücht' bezeichnet, umherwandern. Die Poeler meinten dazu nur, das sei ihr reicher Nachbar, der dies als Strafe für seine lose Zunge erhalten hätte. Sie nutzten zwar das Licht, aber bedankt hat sich keiner von ihnen für den beleuchteten Heimweg in stockdunkler Nacht.

Viele Jahre später kamen spät abends einige Männer aus Wismar zurück auf ihre Insel und wollten in ihr Heimatdorf. Es war stockfinstere Nacht und keiner von ihnen konnte den richtigen Weg über die alte Holzbrücke (jetzt moderne Straßenbrücke) finden. Da meinte einer etwas zaghaft: „Wenn nur die Lücht bloß kommen wollte." Er hatte es kaum ausgesprochen, da war die Leuchte bei Ihnen und erhellte den Weg. Das Lücht tanzte vor ihnen hin und her, bis ins Dorf. Dort angekommen bedankte sich der Sprecher mit den Worten: „Gott segne es!" Eine dunkle Stimme antwortete: „Darauf habe ich schon lange gewartet." Seit dieser Begebenheit hat der Geist seine Ruhe gefunden und wurde nie mehr als Leuchte gesehen.

Kunstobjekt ‚Die Feuerkugel' im Schaugarten der Hochschule Wismar in Malchow*

Die TV–bekannte Freiwillige Feuerwehr Poel

Die Freiwillige Feuerwehr der Ostseeinsel Poel hat ihren Sitz in Kirchdorf und sie ist für alle Gemeinden zuständig. Bekannt dürfte sie inzwischen in ganz Deutschland sein, denn die Teilnehmer am traditionellen *Inselpokal* kommen aus vielen Regionen. In der NDR - Quizsendung „Die Leuchte des Nordens“ ging es bei einer Frage um die Freiwillige Feuerwehr der Ostseeinsel Poel. Das Besondere daran ist, dass bei allen hier Teilnehmenden die Tragkraftspritze TS 8/8 nach TGL (Modell aus DDR-Zeiten) zum Einsatz kommt.

Schon lange – erstmals 1991 – wird hier der Leistungswettkampf „Löschangriff Nass“ mit dieser originalen Technik ausgetragen; er ist bei den Feuerwehren und beim Publikum sehr beliebt. Es ist der größte Wettbewerb dieser Art in Deutschland und der Inselpokal wurde schon 21 Mal übergeben. Im Jahre 2019 nahmen insgesamt 174 Mannschaften aus ganz Deutschland in den Wertungen Männer, Frauen und Jugend teil.

Löschangriff „Nass“ im Training. Die Handgriffe müssen sitzen und jeder ist mit vollem Einsatz dabei.

2020 fiel der Wettkampf wegen Corona aus, aber 2021 hieß es wieder ‚Wasser Marsch‘!
Mit der Tragkraftspritze TS 8/8 nach TGL (Modell aus DDR-Zeiten) wird eine beschwerte Dose bei 95 m Löschangriff von einem Stativ gespritzt.

Der Leinsamen

Mitte des 19. Jahrhunderts habe sich auf Poel folgendes zugetragen: Hase hieß ein Mann, der allein mit seiner Tochter in seinem Hause lebte. Plötzlich verstarb er und die Tochter blieb allein zurück. Nun wurde sie nachts aus dem Schlaf geweckt, gekniffen und gemartert. Sie konnte sich das nicht erklären und sprach mit ihren Nachbarn über diese ungewöhnlichen Begebenheiten. Alle hörten aufmerksam zu, aber Rat wusste keiner. Geh doch zum Pastor und bitte ihn um Hilfe – empfahlen sie ihr. Der Pastor Theodor Hempel (1808–1889) war von 1843 bis 1880 hier als Seelsorger tätig. Er hörte sich alles in Ruhe an und für ihn war es klar, das konnte nur der verstorbene Vater bewirken. Er hätte seiner Tochter offenbar noch eine Nachricht zu überbringen. Pastor Hempel konnte dem Mädchen nicht helfen, aber der Pastor in Neukloster wäre in solchen Sachen bewandert. In Neukloster bekam sie tatsächlich Ratschläge, die sie genau beachten und ausführen müsse. Dann würden die nächtlichen Ungereimtheiten aufhören. Sie solle folgendes tun: Rückwärts an das Grab des verstorbenen Vaters gehen und dabei Leinsamen aussäen. Am Grab würde sie dann eine Erscheinung antreffen, die sie auch gleich nach Wunsch und Begehr fragen

So blau blüht der Lein

müsste. Ihr Poeler Pastor begleitete sie dann bis zum Friedhofstor, den Weg zum Grab musste sie alleine gehen. Sie näherte sich, rückwärtsgehend und Leinsamen streuend, langsam der Grabstelle. Dort sah sie auch schon seine Erscheinung und kam gar nicht zum Fragen. Der Vater sprach sie sofort an: Weil er so plötzlich verstorben war, hatte er ihr es nicht mitteilen können. Im Mauerloch des Hauses liegen zehn Taler versteckt ‚Hol sie dir, meine Tochter, sie gehören dir'. Nachdem er diese Worte gesprochen hatte, war nichts mehr von ihm zu sehen. Sie eilte ins Haus und fand dort tatsächlich einen kleinen Beutel mit zehn Talern. Seitdem blieben die Störungen nachts aus und zur Bestätigung der Wahrheit ging der Leinsamen auf und wuchs standhaft gen Himmel.

Die Dükermutter*

Sagenstein ‚Dükermutter' auf dem Sagenpfad in Kirchdorf*

Eine reiche, aber sehr geizige Bäuerin hatte nach dem Tod ihrer Schwester das kleine Kind – jetzt Waisenkind – bei sich aufgenommen. Sie war keine gute Tante, sie war hartherzig und böse. Das Kind musste bald vor Hunger sterben, nur damit die Alte schnell an die wenigen Habseligkeiten des Mädchens kam. Den Leichnam vergrub sie. Im Dorf erzählte sie, es wäre nichts zu holen gewesen, kein Geld, keine Wertsachen und damit hatte sich die Sache für die Frau erledigt. Doch in ihren Träumen war das arme Kind immer allgegenwärtig, aber auch wenn sie wach lag. Am Tage konnte sie machen was sie wollte, es erinnerte sie alles an das so grausam gestorbene Mädchen. Als sie von all dem schon fast den Verstand verloren hatte, verließ sie den Hof und irrte durch Wald und Flur, lungerte an den Wegesrändern herum und bettelte um etwas Essbares. Dann wollte sie in die Kirche nach Kirchdorf um zu beichten. Ein Stück ihres Weges kam sie voran, wenn auch in sehr kleinen Schritten. Bis zur Kirche und damit zu ihrer Erlösung ist sie nicht gekommen.

Es gibt auch noch diese Version: die Dükermutter, die nur böses stiftet, wird durch den herbeigerufenen Pastor in ein Ofenrohr verbannt. Dort rumorte und randalierte sie weiter, bis man das Stück Ofenrohr absägte und es bei nächster Gelegenheit dem Nachbarn geschenkt wurde. Aber auch der hat es möglichst bald immer wieder weitergereicht, weil es mit ihr unheimlich war.

Der Lehrmeister der mecklenburgischen Sagensammlungen Richard Wossidlo (1859–1939) schrieb einst, dass der Sagenkreis rund um die „Dükermudder" („Dükermutter") auf der Insel Poel besonders reich ausgebildet sei. Deshalb gibt es über die Dükermutter in den einzelnen Orten, die unter den Ortsnamen aufgeführt sind, verschiedene Sagen.

Sie wird als die Mutter des Teufels (Düwel=Teufel) beschrieben und war bei den Poelern nicht willkommen. Dükermudder soll auf Poel einen halben Siebrand als Segel benutzt haben.

Der Moort*

Ein Knecht hatte einmal ein schönes Mädchen geheiratet, das sich bei ihm eingeschlichen hatte. Sie lebten glücklich und zufrieden miteinander, doch in ihrem Herzen hatte das Mädchen Heimweh, wollte zurück zu ihrer Familie. Ihr Mann bemerkte die heimliche Unruhe und Sehnsucht immer öfter, aber helfen konnte er ihr nicht. Eines Tages bat sie ihn darum ihr doch einmal das Loch zu zeigen, durch das sie zu ihm gekommen war. Kaum hatte er es geöffnet, da war sie verschwunden und kam nie wieder zurück. Aber jeden Sonnabend kam sie heimlich ins Haus, wusch und kämmte die gemeinsamen Kinder und zog ihnen frische Wäsche an. Manchmal legte sich der Mann auf die Lauer, aber das bemerkte sie und kam auch nicht zu ihren Kindern.

Der ‚*Moort*' (das ‚Moortriden', ‚Moort-Riden'), auch als ‚*Alpdrücken*' bekannt, kommt in verschiedenen Regionen vor. Dafür macht man unheimliche Wesen verantwortlich. Der Moort setzt sich rittlings auf den Oberkörper eines schlafenden Menschen und umklammert ihn. Dann drückt und piesackt er ihn fürchterlich und verursacht beklemmende Zustände.

Der Moort kommt immer durch das Schlüsselloch. Er macht sich so schlank, dass er durch diese kleine Öffnung passt. Wer das Loch dicht macht kann verhindern, dass der Moort eindringt oder aus dem Zimmer wieder entweicht. Man kann den Moort auch mit einem *Erbhandschuh*** anfassen, dann zeigt er sich unmittelbar in seiner natürlichen Gestalt. Oft erscheint er als junges hübsches Mädchen.

**Sagenstein mit Sagentafel am Rondell ‚Am Schwarzen Busch'*

***Das ist ein über viele Generationen vererbter Handschuh, dem man die zahlreichen Jahre seines Lebens ansah. Er galt als guter Schutz für viele Dinge des Lebens und mancherlei Unannehmlichkeiten.*

Die ewige Blüse*

Das Salzhaff liegt zwischen der Insel Poel und der Hansestadt Wismar. Der davon tief in die Insel Poel hineinragende Meeresarm wird als Kirchsee bezeichnet. Fische und auch besonders viel Aale gab es hier immer reichlich. In stillen warmen Sommernächten, wenn die See ganz ruhig war, lagen dort zahlreiche Fischerboote. Sie waren mit eisernen Rosten bestückt, auf denen hell leuchtende Kienfeuer brannten. Das Licht leuchtete bis auf den Meeresgrund und half den Fischern so beim Aalfang (Blüsen). Mit langen Hakenstangen wurden die Aale gestochen und ins Boot geholt.

**Blüse – seemannssprachlich Leuchtfeuer, Flackerfeuer*

Aal war einst etwas ganz besonderes. Witze und kleine Begebenheiten darüber kursierten durch unser Land und so ist es auch nicht verwunderlich, wenn manche Episode davon noch heute bekannt ist. Der begehrte Aal, auch europäischer Aal genannt (*Anguilla anguilla*),

Rauchfrisch kommt der Aal auf dem Poeler Forellenhof in Niendorf (Inhaber Ingrid und Manfred Hanekamp) zum Verkauf.

wurde als Fisch mit den drei Farben bezeichnet. Er wurde grün (frisch) gefangen, schön goldbraun geräuchert und schwarz verkauft– oder gegen dringend benötigte andere, aber auf dem Markt selten erhältliche, Waren getauscht.

Oft wurde auf der Insel erzählt, dass selbst bei ungemütlich stürmischem Wetter im Herbst so eine Blüse gesehen wurde. Die Poeler meinten, da sind wieder Weitendörfer – Fischer vom Festland gegenüber – draußen auf der See und fangen Aal und Fische. Gesagt wurde aber nur: ‚Hei, der Teufel bläst auf dem Tannenbaum‘.

Zu DDR Zeiten gab es auch diesen beliebten Aal Witz: Ein Mann kommt ins Fischgeschäft und sagt freundlich zur Verkäuferin: „Ich hätte gern einen Räucheraal, ganz frisch und schön groß!“ Nehmen sie doch einen Moment Platz, bat sie ihn daraufhin. Dann kam ein

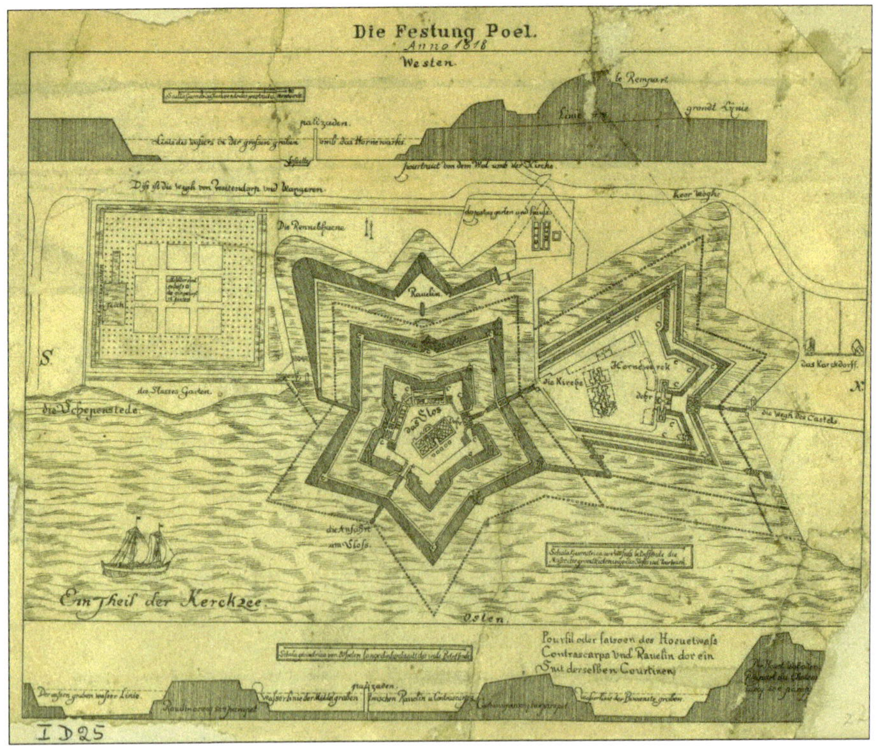

Die Festung Poel im Jahre 1618 (mit freundlicher Genehmigung AHW, Crull- Sammlung, 0090)

Kunde nach dem anderen herein, nannte seine Wünsche und verließ zufrieden das Geschäft. Nach langer Zeit, der Geschäftsschluss nahte schon, meinte die Verkäuferin zu dem Mann: „Haben sie die vielen Kunden kommen und gehen gesehen? Keiner hat Aal verlangt und für Sie mache ich die große Kiste heute Abend auch nicht mehr auf!" Ende des Verkaufsgesprächs.

Festungswälle

Die stattliche Kirche ist durch Festungswälle und Wallgräben geschützt. Auch ein ebenso gut geschütztes Schloss lag einst gleich neben der Kirche. Dieses Schloss ließ der Herzog Adolf Friedrich I. (1588–1658) im Jahre 1614 erbauen. Nach 1648, dem Ende des Dreißigjährigen Krieges, verfiel das Schloss. Auch der Schlossturm fiel ein und die Steine wurden in Kirchdorf für Neubauten verwendet.

Von den vermutlich hohlen Wallanlagen aus soll Poel durch unterirdische Gänge mit der Insel Walfisch (heute Stadtteil Wendorf/ Hansestadt Wismar) verbunden sein. Vom Walfisch aus soll dieser sagenumwobene Gang weiter bis zur Hansestadt Wismar geführt haben.

Die hohlen Wälle und auch der mysteriöse Gang waren natürlich auch Spielplatz der Kinder. Eines Tages standen ein Junge und ein Mädchen an einem offenen Eingang und wollten erkunden, ob es darin etwas zu sehen gäbe. Sie gingen ein Stück hinein und fanden dann aber nicht mehr zum Ausgang zurück. Ängstlich begannen sie zu rufen und nach Hilfe zu schreien. Plötzlich stand ein kleiner Alter vor ihnen und versprach zu helfen, wenn sie einzeln das ‚Vater unser' aufsagen würden. Danach werde er sie wieder ans Tageslicht führen. Das Mädchen betete, aber der Junge kannte den Text nicht. Da nahm der Greis das Mädchen an die Hand und brachte es zurück. Den Knaben behielt er bei sich; er wurde nie wieder gesehen.

In einer anderen Erzählung spielten Kinder aus Kirchdorf am Schlossberg und sie wussten auch von den Eingängen. Aus Neugier wollten sie diese dunklen Gänge erkunden. Sie marschierten los und hörten etwas, als ob ganz in der Nähe ein Fluss rauschte. Das war nun doch unheimlich, sie kehrten schleunigst um und erreichten alle wohlbehalten den Ausgang. Ihr Erlebnis, sie hätten ein alte Frau im

Armstuhl gesehen, die sich mit einem goldenen Kamme das ergraute Haar gekämmt hätte, erzählten sie aber immer wieder.

Auch Brüderchen und Schwesterchen, ganz unzertrennlich, beschlossen den Gang gemeinsam zu erkunden. Andere Kinder warnten sie, doch sie hörten nicht darauf. Sie kamen beide nicht wieder ans Tageslicht zurück. Alle Nachforschungen blieben erfolglos und keiner sah sie jemals wieder.

Nach weiteren Vorfällen und der Furcht, es könnten noch weitere Kinder verschwinden, mauerten die Poeler alle Eingänge ganz fest zu. Der letzte wurde um 1960 zugeschüttet.

Eine schaurige Geschichte vom Wachsoldaten wurde aber immer wieder erzählt: Vor langer Zeit konnte man im Dunkeln oft ein Licht auf den Wällen hin und her flattern sehen. Als das Schloss noch bewohnt war, stand ein Soldat auf den Wällen Wache. Der sah das Licht und wollte ihm in den Gang hinein folgen. Er kam nur bis zum Eingang

Ansichtskarte aus dem Jahre 1899 mit Werbung für Völter's Garten und Restaurant mit einem Ausblick aus dem Garten (Sammlung Dieter Conell)

der Torhaus-Kasematten, dort fiel er plötzlich tot um. Bis heute soll er als Gespenst den Gang bewachen und alle Neugierigen abschrecken. Wer seine Warnung nicht beachtet, dem wird mit einem Schwert der Kopf abgeschlagen!

Der wilde Jäger*

Jäger und ihr berühmtes Jägerlatein und Sagen vom wilden Jäger gibt es vielerorts; so auch auf Poel.

Es war Spätherbst und der Waul zog mit seiner Hundemeute wild lärmend übers Land. Die Menschen, die den Mittelsteig/Marienstieg, also die Mitte des Weges benutzten, brauchten sich nicht vor ihm zu fürchten. Eines Nachts lief nun ein angetrunkener Bauer aus der Stadt kommend auf solchem Fahrweg nach Hause. Ohne große Ankündigung kam auch schon die wilde Jagd auf ihn zu und er hörte eine Stimme rufen: „Mitten in den Weg.“ In seinem Rausch hatte er aber nichts gehört und es kam, wie es kommen musste: aus den Wolken fiel genau vor ihm ein fremder Reiter auf einem weißen Pferd herab. Der reichte dem Bauern eine Kette und befahl ein Wettziehen, wer denn der Stärkere von Beiden sei. Der pfiffige Bauer war sofort ernüchtert und schlang sein Kettenende flugs um eine starke Eiche. Nun zog der Fremde vergeblich, was ihm unerklärlich vorkam und er beschuldigte den Bauern, er hätte geschummelt und ihn betrogen. Als der Reiter nun von seinem Schimmel sprang löste der Bauer fix die Kette von der Eiche und hielt sie fest in seinen Händen. Dieses Kräftemessen musste der Bauer noch mehrmals überstehen, dann sagte der unheimliche Reiter: „Weil du so tapfer meinen Kräften widerstanden hast, will ich dich dafür belohnen.“ Da fiel plötzlich ein Hirsch vom Himmel und genau vor seine Füße. Der wilde Reiter sagte: „Nimm dir vom Blut des Tieres und auch vom Hinterteil.“ Der Bauer staunte nicht schlecht, hatte aber keinen Eimer dafür. „Nun zieh dazu deine Stiefel aus“, befahl der Fremde und der Bauer gehorchte. Darin schleppte er nun Fleisch und Blut davon, seine Last wurde immer schwerer. Als er erschöpft zuhause ankam wurden seine Augen vor Staunen ganz groß. Das Blut im Stiefel war zu Gold geworden und das Hinterteil zum Lederbeutel voller Silber.

**Auch in Consrade und in Pinnow bei Schwerin wird diese Sage erzählt.*

Unterirdische

Sie lebten unter der Erde und wenn sie nach oben ans Tageslicht kamen hatten sie einen Hut auf, der wie ein Fingerhut aussah. Damit waren sie unsichtbar. Den Unterirdischen wurde immer nachgesagt, dass sie neugeborene Menschenkinder aus der Wiege stehlen und dafür ihre unansehnlichen Babys hineinlegen. Die wurden von den Menschen als Wechselbälger bezeichnet. Man konnte sich davor nur schützen, wenn man nachts, besser Tag und Nacht, eine Kerze neben der Wiege brennen ließ. Das soll geholfen haben.

Die Menschen hier nannten die Unterirdischen auch die Griesen – die Grauen. Sie lebten ja unter der Erde und sahen deshalb vielleicht nicht so frisch aus – oder trugen sie graue Kleidung?

Die Poeler Kogge

Dieses alte Schiffswrack aus dem 14. Jahrhundert, eins der größten Schiffswracks aus der Hansezeit, wurde 1999 unweit der Insel Poel vor Timmendorf geborgen. Daher stammte auch der Name. Die original nachgebaute Kogge wird von einem Förderverein aus Wismar betreut. Sie liegt im Wismarer Hafen und kann, wenn sie nicht auf großer Fahrt ist, besichtigt werden; auch ‚Mitsegeln‘ ist möglich. Seit 2004 trägt dieser Nachbau den Namen „Wissemara“.

Die „Wissemara“ auf großer Fahrt

Poeler Fischbrötchen und weitere Leckereien

Bei der frischen Brise auf der Insel bekommt man nach einem Spaziergang Hunger oder einfach Appetit auf Fisch. Da ist ein leckeres Poeler Fischbrötchen genau das Richtige.

Ein appetitliches Poeler Fischbrötchen (Hafenräucherei Poel, Kirchdorf, Hafen)

Das beliebte Poeler Inselbrot (Inselbäckerei Poel)

Frische Poeler Luft gibt es für Erwachsene sogar in der Flasche (Pfefferminzlikör vom Festland)

Klabautermann

Geschichten rund um den Klabautermann, auch als Kalfater- oder Klabattermann bezeichnet, sind wohlbekannt. Aber wer ist diese Gestalt im Aberglauben der Seefahrer aus längst vergangenen Zeiten? Die ersten Berichte in Deutschland sollen aus dem 15./16. Jh. stammen. Dieser Schiffsgeist ist eng mit der Schifffahrt unter Segel, also den Holzschiffen dieser Zeit, verbunden.

Bereits im 13. Jh. wird in einer Niederschrift vom Klabautermann berichtet, der als Geist im Bug von Holzschiffen wohnt. Als guter Geist des Schiffes, wenn es immer gute Fahrt hatte. Man kann ihn nicht sehen, das ist ein gutes Zeichen. Wenn sein Poltern und Hämmern zu hören ist, dann ist alles in Ordnung an Bord. Er sieht auf dem gesamten Schiff nach dem Rechten, staut die Ladung nach, schaut nach den Segeln und Planken und bessert schadhafte Stellen unverzüglich aus. Lässt er sich aber jemals an Deck sehen, dann ist das Schiff dem Untergang geweiht, wird erzählt. Nur dem Kapitän oder manchmal auch dem Bootsmann soll er sich zeigen. Es sei denn, man wurde am 22.02. geboren, dann ist man dazu in der Lage.

Für seine Dienste möchte er gern ein gutes Essen, auch eine kleine Schale Milch. Am liebsten sitzt er mit dem Kapitän an einem Tisch und speist dort mit ihm.

Manchmal scherzen die Seemänner und erzählen dann den Landratten: wenn man den Klabautermann nicht sieht, dann ist er im Rumpf des Schiffes beim Kielschwein.

In diesem Bereich soll sich der Klabautermann aufhalten.

Am Schwarzen Busch

Namensgebung

Vor langer Zeit war ganz Poel mit Wald bewachsen, nur hier und da standen ein Bauernhaus oder eine einfache Kate. Rund um ein altes Gehöft wuchsen alte Eichen, Sanddorn und andere Gehölze. Der Mann, dem dies alles gehörte, hieß Schwartz und daraus wurde im Lauf der Zeit der Name ‚Schwarzer Busch'. Für die Kapitäne war dieser Busch eine wichtige Landmarke zur Navigation ihrer Schiffe. Sie setzten sich immer für den Erhalt dieses Stück Waldes ein und bewahrten es vor der Abholzung.

Eine andere Geschichte dazu:

Der Wald gehörte einst zwei Männern, einem Reichen und einem Armen. Der reiche Mann besaß natürlich den größten Teil und der arme Kerl nur ein kleines Stück.

Damals kam der liebe Gott noch persönlich auf die Erde um selbst zu prüfen, wer später in den Himmel oder in die Hölle kommen sollte. Als ärmlich gekleideter Mann begab er sich zuerst auf den Weg zu dem Reichen. Dort bat er höflich um Speis und Trank und um ein Nachtlager. Unhöflich wurde er mit bösen Worten abgewiesen. Enttäuscht ging er nun zu dem armen Mann und trug seine Bitte vor. Viel hatte der Arme nicht, aber er teilte sein karges Mahl und sein Nachtlager mit dem Fremden. Es dauerte keine zwei Tage, da schlug ein gewaltiger Blitz in den Wald des Reichen ein und alles brannte nieder. Nur verkohlte Bäume blieben ihm; aber der kleine Wald des Armen war unversehrt. Bis heute heißt dieses Flurstück ‚Schwarzer Busch'.

Cap Arcona Gedenkstätte

Gedenkstätte „Cap Arcona" Am Schwarzen Busch

Auf Poel wurden zahlreiche Opfer von der am 3. Mai 1945 gesunkenen „Cap Arcona" beigesetzt. Die von englischen Flugzeugen in Brand geschossene „Cap Arcona" wurde schwer getroffen. An Bord befanden sich über 4500 KZ–Häftlinge aus dem KZ Neuengamme, die vermutlich bewusst von den Nazis zur Zielscheibe dorthin verfrachtet wurden. Unter Beschuss versuchten noch viele das sinkende Schiff zu verlassen. Nur etwa 400 Menschen überlebten. Zahlreiche Tote wurden in den Folgetagen an der Küste von Poel geborgen und in Kirchdorf beigesetzt.

Diese Gedenkstätte wurde ab 1979 unter maßgeblicher Beteiligung des Wismarer Malers Rolf Möller und des Landschaftsarchitekten Uwe Engelmann rekonstruiert und am 3. Mai 1980 eingeweiht.

Eine ständige Ausstellung im Inselmuseum in Kirchdorf dokumentiert diese Ereignisse.

Pferdeköpfe

Auf reetgedeckten Häusern, seltener auch auf Ziegeldächern, sieht man oft einen besonderen Giebelschmuck–schön gestaltete Giebelbretter. Diese Giebelbretter werden auch Windfedern oder Windbret-

Typische Pferdeköpfe und ein Eulenloch, Timmendorf Strand

ter und auf platt ‚Muulapen' genannt. Bei den Muulapen steht das Maul eines Pferdekopfes offen, manchmal ist auch ein Loch als Auge eingearbeitet.

Diese Giebelbretter, die etwa 50 cm über den Dachfirst hinausragen, schützen die Stroh- oder Reetdächer vor dem zerzausenden Wind. Meistens sind es zwei stilisierte Pferdeköpfe aus Holzbrettern, die im rechten Winkel zusammenlaufen.

Richard Wossidlo sah in diesen Pferdeköpfen ein Relikt des Rosses von Wotan.

Sie sollten einst aber auch das Haus schützen und die Bedrohungen von der Wilden Jagd abwehren. Denn der Wode erkennt an den Giebelbrettern, dass im Haus Freunde wohnen die ihn verehren.

Schon im 16. Jahrhundert, so die Überlieferungen, gab es reetgedeckte Bauernhäuser mit diesen Giebelbrettern als Verzierung. Einfach stilisierte Pferdeköpfe (selten andere Motive), aber auch kunstvoll geschnittene mit gezähnter Mähne, Stirnlocke und weiteren Details werden hauptsächlich dargestellt.

Über die Bedeutung gibt es verschiedene Aussagen, aber sie sind immer eine originelle Zierde der Walmgiebel. Sie sollten nicht nur vor Wind und Wetter, sondern auch vor bösen Geistern und Zauber schützen. Der Volksmund deutete die Stellung der Pferdeköpfe auf verschiedene Art: Schauen sich die Pferdeköpfe an, soll der Bauer beim Errichten bereits verheiratet gewesen sein. Schauen die Köpfe nach außen, war er ledig und sah sich nach einer Frau um. Anders heißt es: Schauen die Köpfe nach außen, gehört dem Bauer auch das Land; schauen sich die Köpfe an, dann ist er nur Pächter.

Sie stellen auch den Stolz des Bauern auf seine Pferde dar und sie sollten böse Geister, alles Unglück und auch jegliche Krankheiten vom bäuerlichen Gehöft fernhalten. Büdnereien und Häuslereien kannten keine Pferdeköpfe an ihren Gebäuden, auch hier wird der Unterschied in der bäuerlichen Hierarchie deutlich.

Diese Pferdeköpfe schauen im Mecklenburgischen Land immer nach außen, im Ratzeburger Land und auch einmal in Weitendorf/Poel nach innen.

Der Name ‚Poel' wird auch als Land des Phol, des Sonnengottes Baldur, gedeutet und dieses Giebelzeichen stellt ein Sonnenzeichen dar.

Auf der Insel sind bis heute u.a. in Malchow und in Niendorf diese Giebelbretter an Scheunen angebracht. Der relativ einfache Stab mit einer kreisförmigen Scheibe, die drei- bis fünfstrahlige Zacken hat ist ein Symbol, das dem germanischen Gott Baldur gewidmet ist. Es wird aber auch als eine Form des Wendenknüppels vom slawischen Gott Swantewit angesehen.

Typischer Poeler Giebelschmuck an einer Scheune in Niendorf mit einer Odals-Rune um das Eulenloch herum.

Der Moort*

Die Sage vom Moort erzählt man auf der Insel auch Am Schwarzen Busch. Hier sollen Kinder die Zaubergeräte Molle, Schwinge und den hölzernen Rand eines Kornsiebes gefunden und mit nach Hause genommen haben. Es dauerte nicht lange, da hörten die Kinder eine Stimme mit jämmerlichem Klagen und Schluchzen. Sie sagte immer wieder die Worte: „Min Swing, min Moll, min Säbenrand! Min Mudder röppt in Engelland: Liesch, stah up un melk de Käuh!“

**Direkt am Rondell, beim Strandzugang, steht der Sagenstein ‚Der Moort‘.*

Der Poeler Moort‘, 1986 von Rolf Möller (1932–2015)

Brandenhusen

Großbauer Evers

Es wird erzählt, dass einst ein Schiff aus Holland vor Warnemünde in schwerer See gestrandet war. Unter den Schiffsbrüchigen waren auch drei Brüder mit Familiennamen Evers. Peters Evers, auch Ewers geschrieben, hatte sich später in Brandenhusen niedergelassen und war schon nach acht Jahren ein Großbauer geworden. Mit Fleiß und Umsicht nutze er die privilegierte Stellung der lübischen Bauern aus. Dabei vergaß er aber auch nicht, sich demütig und zugleich großzügig zu zeigen. 1656 spendete er der Kirche in Kirchdorf diesen Messingleuchter. Der Doppeladler weist auf Lübeck hin, denn nicht nur Brandenhusen, sondern auch Wangern, Weitendorf und Seedorf gehörten damals zur Hansestadt Lübeck.

Prächtiger Kronleuchter – ein Dankopfer in der Kirche Kirchdorf. Die Inschrift lautet: Gott zu Ehren und der Kirche Pöhl zur Zierde hat Peter Evers v. Brandenhusen diese Crone verehret, anno 1656.

Seine Nachfahren Daniel Hinrich Evers–1719 und auch J.H. Evers–1836 haben dieses Familienerbstück mit ihren Mitteln finanziell erhalten.

Hexenprozess

Es war im Jahre 1699, genau am 7. Februar, als der Schweinehirtin Lucie Bernitt aus Brandenhusen der Prozess – das niedergesetzte hochnotpeinliche Halsgericht – wegen Hexerei gemacht und sie schuldig gesprochen wurde.

Brandenhusen war als Hinrichtungsort gleich zweimal erwählt worden: mit dem Ruger Barg (Ruge Barg) auch Henkersberg genannt und dem Köppenberg.

Auf dem Köppenberg in Brandenhusen verlief auch die Grenze zwischen dem lübischen und dem schwedischen Gebiet der Insel Poel und je nach Wohnort stand man auf dem jeweiligen Territorium. Der Gerichtsort, von allen Seiten gut einsehbar, war also gut gewählt worden.

Im Tribunal saßen 5 Personen, unter anderem der Bauer Peter Ewers und auch sein Nachbar der Bauer Clas Winter, Dorfschulze aus Weitendorf. Der Bauer Peter Ewers, Spender des Kronleuchters in der Kirche zu Kirchdorf, war zugleich Oberschulze der lübischen Dörfer. Peter Ewers und Christian Lembke, ebenfalls Bauer in Brandenhusen, waren auch die Arbeitgeber der Angeklagten Schweinehirtin.

Die Schweinehirtin Lucie Bernitt war der Hexerei in 20 Punkten angeklagt. Sie bekannte sich in allen Punkten, auch der vorausgegangenen Verhöre, schuldig. Das Verfahren an diesem Tag schien wohl der Abschluss der ganzen Anklage gewesen zu sein: Lucie Bernitt wurde schuldig gesprochen, danach ihr das Genickt gebrochen und ihr Leib dem Feuertod auf dem Köppenberg übergeben. Dazu läuteten die Glocken in Kirchdorf. Die sensationslüsterne Menge ergötzte sich an dem Geschehen und ging danach zufrieden nach Hause.

Köppenberg

Unweit vom Brandenhusener Haken, nördlich vom ‚Rugberg‘, liegt der ‚Köppenberg‘ (siehe Karte). Sein Name weist auf eine alte Richtstätte hin, weil auf dieser Erhebung manch einer sein Leben verlor.

Die letzte Hexe, die auf der Insel Poel verbrannt wurde, starb hier 1699.

Auf dieser Stätte wurde einst auch eine Mamsell (Hausgehilfin) geköpft. Sie hat während des gesamten Prozesses immer ihre Unschuld beteuert, aber keiner hat ihr geglaubt. Kurz vor ihrem Tode rief sie: .. „und wenn ich in den Himmel komme, dann komme ich als weiße Taube auf den Berg und komme ich in die Hölle, so komme ich als Krähe hierher zurück.“ Nach den Überlieferungen soll hier immer eine weiße Taube erschienen sein.

*Ölgemälde ‚Küppersberg‘, 1997, Joachim Rozal (*1947) freischaffender Künstler Poel.*

Die Eiche steht längst nicht mehr und die Landschaft hat sich im Laufe der Jahre auch verändert.

Kindsmörderin

In Brandenhusen lebte vor langer Zeit ein schönes junges Mädchen. Wie das Schicksal so spielt, eines Tages wurde sie schwanger und gebar dann ein Kind. Die Not war groß, denn sie war ganz allein; ohne Eltern und Kindsvater, der sich zum Nachwuchs bekannte. Sie wusste in dieser Zeit nicht mehr wie es weitergehen sollte und brachte das Kind um. Diese Untat kam ans Licht und sie sollte dafür geköpft werden. Zum Abschied von dieser Welt sang sie ein schönes Lied, so hell und klar, dass selbst die Richter ihr das Leben schenken wollten. Das aber wollte sie nicht, weil sie das Blut ihres Kindes vergossen hatte. Dafür wollte sie die ausgesprochene Strafe annehmen. Das war manchen unverständlich und deshalb band man sie für eine Bedenkzeit auf einem Stuhl fest. Sie aber wollte hingerichtet werden um zu ihrem Kind zu kommen, das war ihre einzige Bitte. Sie käme im Himmel an einen guten Ort und wünschte sich, dass ihr dort vergeben werde. Eines Tages würde sie dann als weiße Taube wiederkehren. Wenn das nicht geschehe, dann käme sie eines Tages als schwarzer Rabe zurück. Nun wurde das Urteil vollzogen und das Mädchen geköpft. Mit dem Stuhl, auf dem sie zuletzt gesessen hatte, wurde sie danach auf dem Köppenberg begraben. Noch lange kannten die ganz Alten die Stelle des Grabes. Die Jahre vergingen, nichts geschah. Doch eines Tages, es war mitten in der Getreideernte, wurde es unruhig im Busch auf dem Berg. Die Ängstlichen liefen so schnell wie möglich weg, andere warteten neugierig–und dann sahen sie plötzlich eine weiße Taube. Auch später haben die Leute hier am Köppenberg immer nur eine weiße Taube gesehen, aber keinen schwarzen Raben.

Defekter Galgen

Das ehemalige Gutshaus in Brandenhusen liegt auf einer kleinen Anhöhe und könnte auch Standort eines Galgens gewesen sein, wenn er nicht auf einem der zwei ‚Henkersberge' gestanden hat. Brandenhusen war von der ‚Obrigkeit' als Hinrichtungsort bestimmt worden. Nun, so ein Galgen aus Holz wird auch irgendwann morsch und reparaturbedürftig. Die genannte Obrigkeit scheute aber die Kosten für einen neuen Galgen; dafür hatte man kein Geld parat. Nun geschah es wieder einmal, dass ein Poeler Bürger vom Gericht zum Tode durch den Strang verurteil wurde. Aber der Galgen war defekt, was nun? Da ergab sich eine einfache Lösung. Dem Verurteilten wurden 3 Taler in die Hand gezählt und ihm befohlen: „Hei sall man nah Schwerin gahn un sick dor upbammeln laten“ (Er soll nach Schwerin gehen und sich dort aufhängen lassen). Der Verurteilte nahm das Geld und machte sich auf den Weg. Nach einiger Zeit fragte ein eifriger Beamter in Schwerin nach und erfuhr natürlich, dass in Schwerin kein Poeler Bürger erschienen war um sich aufhängen zu lassen. Sein Leben war gerettet, mit drei Talern dazu, mehr Glück konnte der verurteilte Poeler nun wirklich nicht haben. Er war für immer untergetaucht.

Einhusen

Kobold füttert Kühe

Bei einem Bauern in Einhusen hatte einst der Bruder eines alten Seemanns gedient. Der hatte berichtet, dass die Kühe dort immer von einem Kobold gefüttert wurden. Das soll ein Vorfahre des Bauern gewesen sein, der seine Arbeit gut verrichtet hat. Einer will ihn dort auch einmal gesehen haben. Der Kobold habe kurze Kniehosen und eine kurze Jacke bei der Arbeit getragen.

Fährdorf*

Unterirdische stehlen Kinder

Die Alten erzählten immer, dass einst die ganze Insel Poel mit Wald bewachsen war. Hier sollen die lütten ‚Griesen‘ gewohnt oder gehaust haben. Die ‚Griesen‘** waren Unterirdische, die grau aussahen. Sie haben von den Witten (Weißen), den Menschen, kleine Kinder gestohlen.

**Fährdorf ist der urkundlich zuerst erwähnte und damit älteste Ort der Insel Poel.*

***Die Unterirdischen wurden auch ‚Griese‘– Graue oder auch 'Swarte‘ – Schwarze genannt, je nach Erzählung und Gegend unterschiedlich.*

Kolt-Grütt-Kuhl

Als die weidenden Kühe noch bewacht wurden, blieb auch in Fährdorf der Hirte den ganzen Sommer draußen bei dem Vieh. Eine bescheidene Hütte diente als Unterkunft für die Nacht und das Essen wurde mittags auf die Weide gebracht. Der Botenjunge war nicht der Fleißigste und lästig war ihm der tägliche Weg auch. Deshalb kam bei dem Hirten tagein und tagaus immer nur kaltes Essen an. Das machte ihn wütend und er fluchte und schimpfte gegen Jedermann. Er musste seinen Groll loswerden und beschimpfte besonders die Mägde und Bauersfrauen, die für das kalte Essen nichts konnten. Beleidigt beschlossen nun die Frauen, dem Alten das Meckern heimzuzahlen.

Als es nun wieder Mehlgrütze gab wurde der Plan ausgeführt. Die Köchinnen wussten, dass Mehlgrütze sehr lange heiß blieb und dabei auch wenig dampfte. Den Jungen schickten sie ohne Mittag zum Kuhhirten und der ging nun besonders langsam dorthin. Kurz vor der Weide holte ihn ein Reiter ein, der ihm einen Topf mit heißer Grütze übergab. Erleichtert brachte er den Topf zum Hirten, der schon wütend am Wasserloch saß. Er hatte diese Übergabe nicht bemerkt und erwartete wieder sein kaltes Essen. Er übersah er den Dampf und spürte auch nicht die Wärme des Topfes. Hungrig stopfte er sich einen großen Löffel voll Grütze in den Mund und schrie gellend auf. Mit verbranntem Mund, Hals und Magen fiel er rückwärts in die Kuhle und ertrank. Vor seinen letzten Atemzügen verfluchte er noch alle, die ihm diesen Streich gespielt hatten und sein Geist versprach Rache, bevor er ihn ganz verließ. Die konnte er aber nur auf dem Weideland bei seinen Kühen ausüben, weil er als Hirte seine Herde nicht verlassen durfte.

Der Name dieser Weide „Kolt-Grütt-Kuhl" (Kalte-Grütze-Kuhle) hat sich bis heute erhalten. Sie befindet sich in Fährdorf zum Fährdorfer Haken hin.

Der Galgenberg*

Dicht bei Fährdorf liegt der Galgenberg. Hier endete das Leben eines vielfachen Mörders, der gerädert wurde; so wird es berichtet. Die genaue Lage vom Galgenberg wurde aber nie beschrieben oder auf Landkarten verzeichnet. Lag der Galgenberg vielleicht rechts an der Straße von Fährdorf in Richtung Kirchdorf? Dort gibt es heute die Straße „Am Fährdorfer Berg" in einem neuen Wohngebiet.

Was war damals geschehen?

Als die Insel mit dem Festland nur durch eine hölzerne Brücke verbunden war, spielten die Witterungsbedingungen dieser Brücke und den Menschen oft übel mit. Bei starkem Frost in richtigen Wintern gefroren die Pfähle komplett und wurden später auch weggeschwemmt. Dann kam keiner mehr auf oder von der Insel. Ein Fischer bot sich damals immer wieder als Fährmann an. Einige der Passagiere hat danach aber keiner mehr gesehen. Der Krug geht solange zu Wasser bis er bricht–heißt es in einem Sprichwort. Der Fährmann hatte nun schon einige Menschen, darunter auch eine Schwangere, auf dem Gewissen. Da baten ihn drei junge Mädchen, sie doch über den Breitling zu schippern. Kaum angelandet, brachte er auch schon das erste um, die beiden anderen schrien um ihr Leben und falteten die Hände zum Gebet. Das war zu viel für den Fährmann; er nahm sein Ruder und schlug auf die gefalteten Hände ein, bis ihn die Kräfte verließen. Die Mädchen konnten ihn trotz ihrer Verletzungen packen und festhalten. Nun schrien sie so laut, dass sie auch in Fährdorf gehört wurden. Einheimische eilten ihnen zur Hilfe und retteten sie. Der Fährmann wurde verhaftet und gestand seine Untaten. Das Todesurteil für den vielfachen Mörder wurde gefällt: Tod durch Rädern. Auf dem Galgenberg bei Fährdorf wurde das Urteil vollstreckt. Nun wurde er aufgebunden und unter lautem Geschrei bis zu seinem Tode viele Mal den Berg herauf und herunter gerollt. Angeblich hat sich sein Geist nach dem Tode noch selber weiter gerädert. Deshalb sei auch der Berg immer kleiner geworden.

**Die Bezeichnung ‚Galgenberg' ist auf keiner alten oder neuen Karte vermerkt. Der ‚Fährdorfer Berg' am Ortsausgang in Richtung Niendorf/Kirchdorf ist immerhin mit 22 m NN ausgewiesen.*

Der Hasenmacher

In Fährdorf soll es einen Kerl gegeben haben, der aus Kohlblättern Hasen machen konnte. Er nahm nur ein paar Kohlblätter unter den Arm–und schon sind daraus lebendige Hasen gesprungen.

Gollwitz

Hasenmacher

Knecht Krischan war in Gollwitz, auf platt Gollns, bei den meisten Leuten bekannt, denn er konnte Hasen machen. Als er irgendwann bei hellem Mondschein mit einigen Knechten unterwegs war meinte er plötzlich, er wolle mal einen laufen lassen. Die anderen verstanden nicht ganz, was er denn meinte. Er nahm ein Kohlblatt in die Hand und sofort lief ein Hase davon. Bei der Mühle hat es manchmal vor Hasen gewimmelt und die Müllergesellen meinten dazu, heute kommt Krischan noch zu Besuch.

Störtebecker*

Der kleine Hafen in Gollwitz ist mit großer Piratengeschichte verwoben. Hier war ein Unterschlupf für den Piraten Klaus Störtebecker und seinen Gesellen, den Likedelern. Das waren Piraten, die ihre Beute zu gleichen Teilen unter der gesamten Mannschaft aufteilten. Selbst der Kapitän hatte hier keine Vorrechte. Von hier aus fuhren sie hinaus auf die Ostsee um Handelsschiffe, reich beladen mit wertvollen Waren, zu kapern und in ihren Hafen zu bringen. Es sollen, so wird es berichtet, mehr als dreißig Schiffe gekapert und ausgeraubt worden sein. Die Mannschaften fielen meistens im Kampf um die Verteidigung der Schiffe. Die Hanse sandte dann Kriegsschiffe aus, um diesem Treiben ein Ende zu setzen. Hier, vor Gollwitz, fand ein heftiger Kampf statt und erst nach langer harter Gegenwehr konnten die Likedeler besiegt werden. Viele waren im Kampf gegen die Hanse gefallen und andere ereilte jetzt ihr gemeinsames Schicksal: sie wurden auf ihren eigenen Schiffen an der Rahe erhängt.

Am ‚Kuhlenlock' soll das Schiff von Klaus Störtebecker gestrandet sein. Noch heute soll dort das Wrack mit all seinen wertvollen Schätzen liegen.

*In Gollwitz erinnert vor dem *Sagenstein eine Schatztruhe an diese Zeit.*

Pferdeköpfe in Gollwitz, an einem Dach mit moderner Bedeckung.

Ein Huckeweib

Vom Rugenberg bis zum Dorf hin spukte es manchmal mit seltsamen Erscheinungen oder Gestalten, sogenannten Spukgestalten. Sie ließen sich von Fußgängern gerne huckepack tragen, um über die Wegscheide an den vermeintlichen Ort ihrer Erlösung zu gelangen. Aber an bestimmten Stellen des Weges mussten sie plötzlich wieder absitzen und waren verschwunden. In manchen Nächten hallte ihr Wehklagen darüber über das Feld. Der einstige Dorfschulze von Gollwitz hatte auf diesem Weg seine eigene Geschichte erlebt, die er immer erzählte. Gemeinsam mit seiner Frau ritte er auf einem Pferd nach Kirchdorf. Da erklang ganz wehleidiges Geschrei und sie hörten deutlich die Worte: „*Wachs und Flachs und den zweifach gesponnenen Zwirn, wer das stiehlt, der ist ewig verloren.*“ Da erinnerte sich das Ehepaar plötzlich an die alte Geschichte: Vor langer Zeit lebte eine diebische Bauersfrau in Gollwitz, die wegen ihrer Taten verflucht worden war. Sie hatte ihre Nachbarn bestohlen und man erzählte: ‚Was nicht niet- und nagelfest war, hat sie mitgehen lassen.‘ Diese drei genannten Dinge waren damals sehr wertvoll und nicht so einfach zu beschaffen.

Hannibal

Das alte Haus

Hannibal war einst eine winzige Insel in der Untiefe vor der Nordküste, die es schon lange nicht mehr gibt. In dem einzigen Haus lebten dort Leute, die auch einen Hahn hatten. Und der soll am Morgen ganz besonders laut gekräht haben. Das war weithin zu hören und deshalb nannte man das Eiland *Hanenbarg*. So stand es früher auf den alten Karten; im Lauf der Zeit wurde daraus Hannibal.

Kaltenhof

Die Küchenmamsell

Als Küchenmamsell auf einem Gutshof (Heute Pension „Gutshaus Kaltenhof“) hatte man schon eine besondere Anstellung und war nicht nur einfache Bedienstete. Sie war für Speis und Trank der Herrschaften auf dem Hof zuständig, leicht zu erkennen an ihrer blütenweißen Schürze mit kleinen Rüschen und an ihrer weißen Haube. Ihr Zukünftiger war Kutscher auf dem Hof, dem sie ab und zu etwas Herzhaftes zusteckte. Echt verliebt war der wohl nicht, denn er forderte immer mehr und wollte auch, dass sie dies und jenes für ihn stahl. Dabei wurde sie erwischt, zur Rede gestellt und fast in Schande vom Hofe verjagt. Nur ihre Reue und viele Tränen konnten sie retten und sie durfte – diesmal noch – bleiben. Aber ihr Bräutigam bettelte wieder, nun um ein Stück vom Schinken und sie wurde schwach. Ein gutes Stück vom frisch geräucherten Schweineschinken versteckte sie unter altem Brot, das sie immer zu den Pferden in den Stall brachte. Er nahm den Schinken und belohnte sie mit einem flüchtigen Kuss auf die Wange. Lauf, damit dich keiner sieht, riet er ihr. Zufrieden lief sie durch den Gemüse- und Kräutergarten an der alten Laube vorbei zurück und hier hörte sie Stimmen. Eine davon kannte sie ganz genau, das war ihr Zukünftiger mit einer anderen Frau. Sie amüsierten sich und aßen munter den Schinken, den sie gestohlen hatte. Sie hatte aus Liebe gestohlen und war nun maßlos enttäuscht und verzweifelt.

Da rannte sie in den Hofteich und ertränkte sich darin. Aus Scham endete ihr Leben so tragisch. Jede Nacht erschien seitdem ihr Geist zwischen Melkhaus und Kuhstall. Morgens waren immer alle Kannen voll, erzählte Bartels, der Kuhhirte. Er hätte sie im Kuhstall immer zwischen den Tieren umhergehen gesehen. Als er einmal zum Erntefest wollte, wäre die Mamsell wie wild auf ihn losgegangen und habe ihn arg zugerichtet.

Das Grab der Mamsell war immer gut gepflegt und frisch geharkt, so erzählten es die Leute lange Zeit. Sie hätte das wohl selbst getan, damit es zu jeder Zeit gut aussah.

Kopfloser Schimmel

Ein Pferd ohne Kopf–so eine Spukgeschichte bleibt lange in der Erinnerung. Hauptsächlich um Mitternacht war es unheimlich auf dem Wege von Kaltenhof über die Schäferdrift nach Vorwerk. Hier kam es vor, dass Fuhrwerke diese unheimliche Begegnung hatten. Ein Schimmel ohne Kopf lief plötzlich mitten auf der Wegkreuzung vor dem Pferdegespann. Nur das Hinterteil des Pferdes sei gut sichtbar gewesen, sonst nichts. Gehört habe man dabei auch keinen Laut. Im nächtlichen Dunkel glaubten manche, ein drittes Pferd lief neben ihren beiden. Am alten Birnbaum, der einst nah am Kreuzweg stand, war der Spuk dann wieder vorbei. Aber eins erzählten alle, die dieses Erlebnis hatten: Die Stränge ihrer Pferde waren nach dem Spuk allesamt vom Fuhrwerk gelöst.

Kirchdorf

Verstummter Pastor

Ein Pastor ging einst im abendlichen Sonnenschein auf dem Hohen Steig von Kirchdorf in Richtung Timmendorf. Da kam ihm ein Mann entgegen, der ihm irgendwie seltsam vorkam. Er grüßte ihn freundlich mit einem „Guten Abend“, aber zu seinem Erstaunen kam keine

Antwort. Nun bemühte er sich um ein Gespräch, aber es war vergebens, der Fremde blieb stumm. Dem Pastor ging diese seltsame Begegnung nicht aus dem Sinn. Deshalb fragte er am nächsten Sonntag von der Kanzel herab seine Gemeinde, wer denn in der Kirchgemeinde stumm sei. Das sollen seine letzten Worte gewesen sein. Seitdem war er selbst stumm und hat nie wieder ein Wort gesprochen.

Darüber wurde auch das erzählt: Der Pastor soll zu dem Mann: „Gott segne dich“, gesagt haben. Als Antwort folgten die Worte: „Darauf habe ich schon lange gewartet.“ Daraufhin war der Pastor stumm.

Die über 800-jährige Kirche wurde einst im romanischen Stil erbaut. Heute sehen wir sie neugotisch umgestaltet. Bereits bei der „Wein Stiftung Heinrich's des Pilgers“ (1230–1302) im Jahre 1266 wurde eine Kirche in Kirchdorf erwähnt. Unter der Kirche soll ein großer Schatz aus Gold, Silber und Edelsteinen versteckt sein. Bisher wurde er nicht gefunden, denn niemand kennt das Versteck.

Diese Kanzel entstand 1847. Vor einem ersten Einbau nach der Reformation wurde der Lettner (Schranke zwischen Chor und Langhaus) entfernt.

Pastor Susemihl

Pastor Dietrich Christian Susemihl (1765–1842) hat im Jahre 1811 ein Verzeichnis über das Inventar der Kirche aufgestellt. Ein Gemälde mit biblischem Inhalt soll mit zur Ausstattung gehört haben. Leider wurde es nicht genau beschrieben.

Über Pastor Susemihl, der von 1797–1842 Pastor der Gemeinde war, wird in den Niederschriften folgendes berichtet:

Er fiel auf der Kanzel in Kirchdorf tot um und die Alten haben sich darüber so ihre Gedanken gemacht. Wenn einer etwas verbrochen habe, so sagten damals die Leute, dann ist das die Strafe für all das Unrecht, das er getan hat.

Löffelsteine

Am Westeingang, unmittelbar an der Tür zum Kircheninnern, sind mehrere Löffelsteine sichtbar. Meist zur mitternächtlichen Stunde soll einst aus den Ziegelsteinen etwas Material (Backsteinpulver) mit einem geeigneten Löffel o.ä. herausgeschabt worden sein. Das Pulver wurde kranken Menschen verabreicht weil es, zur mitternächtlichen Stunde gewonnen, eine besondere Heilwirkung habe.

Ob es sich tatsächlich um Löffelsteine oder nur um kreisrunde Verwitterung der alten Ziegelsteine handelt, ist leider nicht exakt nachweisbar. Einige der alten verwitterten Steine wurden inzwischen bei Reparaturarbeiten ersetzt.

Löffelsteine haben umgangssprachlich einige Namen: Blut-, Druiden-, Feen-, Hexen-, Näpfchen-, Opfer-, Schälchen- oder auch Teufelssteine.

Löffelsteine, jetzt mit weißem Kalk verfüllt.

Die Hexe

Manches Ereignis verändert sich im Laufe der Erzählzeit inhaltlich; so auch die Geschichte von der Alten oder gar einer Hexe mit dem goldenen Kamm. ‚Ganz früher' konnte man sie manchmal noch erleben – man glaubte an diese Erscheinung. Aber heute ist sowieso alles anders…

Nur einmal in zehn Jahren, keiner weiß genau wann die Zeit um ist, taucht die Unsichtbare aus den Gängen wieder auf. Gesehen wurde sie nie, vielleicht ihre Hunde, als die Pudel der Hexe bekannt. Deren nächtliches wildes Gekläff auf den Wallanlagen war furchterregend. Besonders auf den Wiesen hinter der Kirche spukte es. Hier ließ kein Bauer über Nacht seine Tiere weiden. Wenn das laute Gebell durch die Nacht drang, wurden die Tiere unruhig und rannten wild durch die Gegend. Danach konnten Mägde, Knechte und Bauern sie nur mit großer Anstrengung auf die Weiden zurückbringen.

Der unterirdische Gang*

Ein unterirdischer Gang soll einst von der Insel Poel bis zur Insel Walfisch und dann weiter bis zur Hansestadt Wismar geführt haben. Solche mysteriösen Gänge regen immer zum Erzählen von Geschichten an.

Einige Konfirmanden, ausgerüstet mit Trommeln und Flöten, sollen einst musizierend in den Gang hineingezogen sein. Wieder herausgekommen ist keiner.

Mehrere dort spielende Kinder entdeckten eine Öffnung des Ganges und sollen neugierig hineingelaufen sein. Weit innen angekommen sahen sie ein helles Licht durch eine offene Tür und gingen hinein. Sie erblickten eine schlafende alte Frau, die in einem Armsessel saß und daneben einen Pudel, der sofort laut bellte. Die Frau erwachte und sprach sie ganz lieb an: „Kommt nur heran zu mir, ihr lieben Kinderchen!" Die hatten jetzt Angst und wollten nicht weitergehen, da zeigte sie auf ihre Schatztruhe voller Goldstücke. „Wenn ihr herankommt, könnt ihr davon alle Taschen füllen!" Als sich ein Kind der

Goldtruhe näherte rief sie: „Wie siehst du nur aus! Komm her, ich will dich erst einmal kämmen!“ Sie kämmte es solange, bis es ein Pudel geworden war. Als die anderen Kinder das sahen rannten sie schnell zurück. Zwei Kinder schafften es nicht bis zum Ausgang, sondern fielen noch im Gang um und starben. Eins kam noch hinaus und verstarb vor seiner Haustür; ein anderes starb am nächsten Tag. Ein einziges Kind, das aus Furcht nicht mit in den Tunnel gegangen war, überlebte.

Die Alte soll laut Überlieferung ihre Pudel alle zehn Jahre auf den Schlossberg getrieben haben. Weidende Kühe und Schafe wurden in wilder Hatz erschreckt und über die Wiesen getrieben. Nur mit viel Geduld konnten die Tiere beruhigt und wieder zusammengetrieben werden.

**Karl Bartsch (1832–1888) hat mehrere Poeler Sagen bereits 1879/80 in ‚Sagen, Märchen und Gebräuche aus Mecklenburg‘ veröffentlicht.*

Der Teufel pumpt

Bei Sagen mit dem Teufel kommt es immer gut an, wenn der Bösewicht auch noch der Dumme in der Geschichte ist.

Der Teufel hatte einst ein Schiff leer pumpen wollen. Aber die cleveren Schiffer legten ihm den Pumpenschlauch gleich Außerbords ins Wasser. Da hat er nun gepumpt und gepumpt, immer schneller und wilder. Zuletzt hätte er völlig erschöpft gesagt: ‚Der Kahn sei leck wie ein Waschkorb‘. Dann gab er auf.

Die goldene Wiege

Sagen oder Geschichten vom vergrabenen Schatz, einer goldenen Wiege, gibt es vielerorts. Diese Wiege muss man besonders vorsichtig heben, denn sie ist verzaubert und lässt sich nicht so einfach ans Tageslicht bringen.

In den Ruinen des ehemaligen Schlosses soll auch so eine Wiege verborgenen sein. Einer, nämlich Blücher, ein echter Insulaner von Poel, hatte sich einst ans Graben gemacht und wurde fündig. Aber nur wortlos lässt sich der Schatz bergen! Blücher hatte die Wiege gefunden und hob das schwere Ding nun nach oben. Fast hätte er dabei das Gleichgewicht verloren. Seinem Freund, der ihm beim Schaufeln geholfen hatte, blieb vor Staunen der Mund offen, als er die Wiege sah. Er zeigte mit dem Finger darauf und rief begeistert: „Da ist sie.“ Sofort versank die Wiege in die Erde zurück und war auf nimmer Wiedersehen verschwunden.

Der alte Blücher ist schon lange tot und keiner weiß so recht, wo genau er einst gegraben hatte. Aber das wissen natürlich alle ganz genau: Nur etwa alle einhundert Jahre könne man es wieder versuchen und... man könnte sie heben. Es wird aber auch geflüstert, dass die Wiege nur alle 300 Jahre gehoben werden kann.

Der Kreuzweg

Bis hin zum Kreuzweg, unweit von Kirchdorf, sind die Pferde beim Holzholen ganz schnell aus dem Wald gelaufen. So, als ob etwas hinter ihnen her käme. Nach dem Überqueren des Kreuzweges gingen sie dann ruhig und ordentlich vor dem Wagen. Wenn das Fuhrwerk mittags Punkt Eins auf dem Hof ankam lagen für die Pferde stets köstliche Erbsen in der Futterkrippe. So hat es der Großvater seinen Enkel und zuletzt auch noch den Urenkeln erzählt.

Die wilde Jagd

Manche Sagen haben sich vollständig bis in unsere Zeit erhalten, aber oft wurden nur noch Bruchstücke überliefert. So wurde von der wilden Jagd überliefert, dass Pferde eine Droschke gezogen hätten und darin drei oder vier Männer gesessen hätten. Irgendwer wollte auch gesehen haben, dass vier schwarz gekleidete Männer aus jener Kutsche gestiegen sind.

Wenn einst die wilde Jagd durch die Lüfte zog, dann lief man in der Mitte des Weges, auf dem Mittelsteig, weiter. Er wurde auch oft als Distelbuschweg bezeichnet und wer darauf blieb, dem geschah nichts.

Der Bulzenkaten

Einst stand hier am Möwenweg, am Ortsausgang von Kirchdorf, ein alter Strohkaten. Eine Sturmflut zerstörte im Jahre 1872 das Haus vollständig, aber die Grundrisse sollen noch erkennbar sein. Der Name stammt vom Tischler Bulz, dem der Strohkaten gehörte.

Nach der harten Arbeit konnte Bulz eigentlich immer gut schlafen, doch eines Nachts gab es so einen Lärm vor seiner Haustür, dass er hochschreckte. Es war stockdunkel, doch er konnte erkennen, dass ein Fuhrwerk mit gebrochener Deichsel vor seiner Tür stand. Der resolute Fahrer wies Bulz mit kräftiger Stimme an, die gebrochene Deichsel zu reparieren. Mitten in der Nacht hatte Bulz eigentlich keine rechte Lust dazu, aber er nahm die Arbeit an. Sie dauerte auch nicht lange und Bulz verlangte seine Entlohnung. Nimm all die Späne, mehr habe ich nicht, lautete die Antwort–und schon hörte er die Peitsche knallen und das Fuhrwerk brauste davon. Na so etwas unheimliches, dachte er noch, sammelte die größeren Späne auf und brachte sie ins Haus. Dort warf er sie auf den Herd, für das Feuer am nächsten Morgen. Dann kroch er wieder ins Bett, bis ihn ein freudiger Aufschrei seiner Frau weckte. Sie hatte statt der Holzspäne lauter Goldstücke auf dem Herd gefunden; jetzt waren sie reich. Dem Tischler tat es nun sehr leid, dass er die kleinen Späne nicht aufgesammelt hatte. Seine Frau schimpfte deswegen sehr mit ihm. Nachdem der erste Zorn verflogen holten sie alle restlichen Späne und legten sie ebenfalls auf den Herd. Am nächsten Morgen rannte die Frau schon sehr früh in die Küche und Bulz hörte sie laut fluchen und schimpfen. Auf dem Herd lag diesmal kein Gold, sondern einfacher Pferdedreck.

Der Blutberg

‚Blootbarg', in hochdeutsch ‚Blutberg', ist die Bezeichnung für den mittleren Teil des Burgwalls in Kirchdorf, zu dem auch ein Teil vom Friedhof (einst alte Burgwallsiedlung) gehören soll. Die Wälle wurden später in mehreren Abschnitten abgetragen und der Friedhof erweitert. Einer alten Überlieferung nach haben in einer kriegerischen Auseinandersetzung anno 1228 die Slawen nach der Erstürmung der Burg alle Insassen niedergemetzelt. Dabei soll sehr viel Blut geflossen sein und der Name ‚Blootbarg' erinnert an diese grausige Tat.

Dass es hier eine Siedlung gab, wird aus gefundenen Keramikresten und auch aus alten Flurnamen geschlossen.

Unterirdischer lernt Vaterunser

Die Zeiten standen schlecht für die kleinen Unterirdischen, als auf Poel eine Hungersnot herrschte. Sie beschlossen auszuwandern. Alle gingen und nur einer, der seine Heimat nicht verlassen wollte, blieb auf der Insel Poel zurück. Er versteckte sich in den Gängen unter der Kirche, weil er sich zum Christentum bekennen und sich taufen lassen wollte. Er wusste aber auch, dass dies ein schwieriges Unterfangen war. Wie sollte er, der Kleine, der nichts von der christlichen Lehre kannte, vor dem Pastor auftreten?

Manchmal hilft ja auch der Zufall. Eines Tages spazierten ein Junge und ein Mädchen neugierig durch die Gänge, ob es da wohl etwas Besonderes gäbe. Der Unterirdische stellte sich ihnen in den Weg und bat sie eindringlich darum ihm das Vaterunser aufzusagen. Der Junge brachte vor Schreck kein Wort heraus, aber das Mädchen sagte es brav auf. Da brachte er den Jungen zum Ausgang, aber das Mädchen sollte bei ihm bleiben und ihm das Vaterunser beibringen. Traurig fügte sie sich in ihr Schicksal und wurde mit der Zeit störrisch und abweisend. Nur Bruchstücke vermittelte sie ihm und dem Unterirdischen gelang es nicht, das Vaterunser auswendig zu lernen. So verging eine unendlich lange Zeit... Das Mädchen wurde nie wieder gesehen und auch der Unterirdische hat sein Vorhaben nie in die Tat umgesetzt. Es gibt keinen Nachweis in Wort oder Text, dass jemals ein Unterirdischer in Kirchdorf zum Pastor kam und getauft werden wollte.

Zeesenboot

Der Poeler Fischer Richard Schwarz baute 1936 das historische Modell Zeesenboot P 45, das an der Nordwand in der Kirche aufgestellt ist.*

Es trägt die Unterschrift:

„Herr, seg'n uns dei Seefohrt, stuer uns dei Lewensfohrt, schenk uns dei Himmelfohrt!"

„Herr, segne uns die Seefahrt, steure uns die Lebensfahrt, schenk uns die Himmelfahrt."

Es soll daran erinnern, dass dieses Gotteshaus eine Schifferkirche ist und bereits im 18. Jh. ein *Zeesenboot* Modell in der Kirche stand. Die Fischerei mit Zeesenbooten ist für die Insel Poel ab dem Jahr 1875 verbürgt. Ein Zeesenboot, up platt *„Zeesboot"*, ist ein Schwertboot aus der Zeit der Segelfischerei. Der Name stammt von dem eingesetzten Fanggeschirr, der Zeese, ab. Geschichte und Bewahrung dieses Kulturerbes wurden in das Bundesverzeichnis der IKE (Immaterielles Kulturerbe) aufgenommen.

*Das *P* bedeutet *Poel* und die 45 war die Fischereinummer von Gustav Schwarz, dem Bruder des Modellbauers.

Malchow

Das Huckeweib

Es ist schon lange her, da lebte hier eine reiche Bauersfrau, die hartherzig und sehr geizig war. Als ihre Schwester verstarb nahm sie deren Tochter zu sich auf den Hof, um ihr angeblich eine Heimstatt zu geben. Hauptsächlich war sie aber an der Erbschaft des Kindes interessiert. Das Mädchen hatte kein gutes Leben bei ihr, wurde schikaniert und gequält und starb an den Folgen dieser Misshandlungen. Die Frau vergrub den Besitz des Kindes in ihrem Keller und schwor vor Gericht: ‚Das Kind hat nichts besessen. Sollte ich lügen, so werde ich einst im Grabe keine Ruhe finden'. Seit ihrem Ableben spukt und rumort sie jede Nacht im Bauernhaus und besonders im Keller umher. Dann übernachtete einmal ein frommer Mann in dem Haus und vernahm den Spuk. Er ging in den Keller und versprach dem spukenden Geist, dass er seine Ruhe finden würde, wenn er zur Kirche käme. Allerdings werde er jedes Jahr nur einen Hahnenschritt vorwärts kommen. Wenn der Geist aber auf jemanden träfe, der ihn weitertrage, so sollte das auf das Vorankommen angerechnet werden. Nun machte sich der Geist auf den Weg nach Kirchdorf zur Kirche. Sobald er einen Menschen traf, sprach er ihn an: „Nimm mich huckepack und

Rapsblüte.

trag mich an die Kirche.“ Nun war schon so viel Zeit vergangen und das verfluchte Weib war nicht deutlich vorwärtsgekommen, als in dunkler Nacht ein Tagelöhner, der als frommer Mann bekannt war, vorbei kam. Es war an der Wegespinne, bei der die Wege nach Malchow, Kirchdorf und Niendorf aufeinandertreffen. Sofort rief sie zu ihm: „Nimm mich huckepack.“ Er huckte sie auf und trug sie Richtung Kirche bis zu einem Hohlweg. Dort wartet sie schon ewig, niemand kam und huckte sie auf und vielleicht wartet sie noch heute dort auf ihre Erlösung.

Kartoffelblüte.

Prof. Dr. hc. Hans Lembke

Hans Lembke (1877–1966) wurde in Malchow, Insel Poel, geboren. Nach der Realschule in Wismar und der Lehre in Moisall arbeitete er als Verwalter in Hornstorf und Wohlenhagen. Nach der Rückkehr auf den väterlichen Hof in Malchow begann er mit ersten züchterischen Versuchen. Besonders die Futtergräser, Hafer, Kartoffeln, Rotklee und Winterraps* lagen ihm am Herzen. Nach Ende des Zweiten Weltkrie-

Gedenkstein für Prof. Hans Lembke auf dem Betriebsgelände der Firma: Norddeutsche Pflanzenzucht Hans Georg Lembke KG (NPZ) Malchow

ges wurde der väterliche Betrieb enteignet und Hans Lembke wurde auf eigenem Grund und Boden als Betriebsleiter im VEG (Volkseigenes Gut) eingesetzt. Bereits 1946 wurde er zum Professor für Pflanzenzüchtung an die Uni Rostock berufen und war dort bis zur Rente erfolgreich tätig.

Hans Lembke hat sich seit seiner frühesten Jugend für die Pflanzenwelt interessiert. Die Rapsblüte im Wappen und in der Flagge der Insel Poel gilt als Würdigung seiner züchterischen Arbeit.

Nicht nur Kohl wurde auf der Insel Poel angebaut, sondern auch Raps. Nicht von ungefähr bezeichneten die Rapsanbauer Sekt scherzhaft als „Rapswasser“, denn die mit Raps erzielten Erlöse verschafften ihnen gelegentlich auch den Luxus solch edlen Tropfens.

**Traditionell wird alle zwei Jahre ein Rapsblütenfest mit Wahl einer Rapsblütenkönigin, -könig gefeiert.*

Blickfang

Wer von Fährdorf nach Malchow kommt, wird rechterhand von zwei traditionellen Giebelzeichen begrüßt. Es sind die bekannten Pferdeköpfe (re) und das spezielle Poeler Giebelzeichen (li), Gott Baldur gewidmet. Solche Giebelzeichen zierten auch das Haus von Prof. Lembke und dienten um 1985 als Vorlage für dieses Haus.

Neuhof

Das Pöttermännchen

In Neuhof hätte einst das Pöttermännchen, ein kleiner Kerl, die Pferde gefüttert. Keiner durfte in die Futterkrippe fassen, wenn doch, dann bekam derjenige eine kräftige Ohrfeige oder kräftig eins auf die Finger. Die Pferde sollen oft mit Lein gefüttert worden sein, den das Pöttermännchen vor der Fütterung ordentlich nass gemacht hatte. Die Tiere schlürften diese Mahlzeit mit wohligem Behagen und das soll man bis vor die Stalltür gehört haben.

Petermännchen wird ausgelohnt

Das Petermännchen soll hier immer nachts in den Pferdestall gekommen sein und die Pferde gefüttert haben. Die Knechte hätten ihm als eine Art Bezahlung einmal eine Dreilingssemmel* in die Futterkrippe gelegt. Als die Knechte am nächsten Morgen in den Stall kamen war die Semmel verschwunden und das Petermännchen ist nie wiedergekommen.

*Eine Dreilings-Semmel war im September 1838 im Raum Schönberg 2 Loth und 1 Quentchen wert.

Die garstige Bauersfrau

Dükermutter (Teufelsmutter), Dükermudder oder Dükermurrer, wird eine geizige Poeler Bauersfrau genannt, die der ‚Böse' geholt haben soll. Einst war es am Fastnachtsabend üblich, dass Kinder und manchmal auch Erwachsene von Tür zu Tür gingen, kleine Sprüche vortrugen und um ein Ei oder eine andere milde Gabe baten.

Einer dieser Sprüche lautete:

Fastnachtlaufen auf dem Busch.

Haben Sie keine Eier,

geben Sie mir eine Wurst.

Lassen Sie mich nicht so lange stehn,

ich muss den Tag noch weiter gehen.

Diese garstige Alte verteilte oft verfaulte Eier an diesem Tag und deshalb verwünschten besonders die erwachsenen Bittsteller die Bäuerin. Eines Tages war sie verschwunden und man vermutete, dass sie ‚der Böse' geholt hätte. Irgendwie blieb sie immer im Gedächtnis und man redete viel über die Dükermutter. Heimlich soll sie einmal einer Köchin bei der Küchenarbeit geholfen haben. Weil sie aber nichts Sauberes zum Anziehen hatte, schenkte ihr die Köchin aus Mitleid ein Hemd. Danach kam sie nicht wieder, sondern trieb ihr Unwesen in anderen Orten der Insel. Das brachte große Unsicherheit unter die

Leute und die Kinder trauten sich in der Dunkelheit nicht mehr aus dem Haus. Man redete nur noch von der ‚Teufelsmutter' und drohte ungezogenen Kindern sogar mit der Dükermutter. Als das Unwesen ausuferte baten die Leute den Pastor um Hilfe, sogar um Abhilfe. Der resolute Pastor verbannte die garstige Frau in eine Ofenröhre. Aber auch darin machte sie so viel Lärm, bis man sie dann zum schwarzen Busch brachte. Das gefiel ihr gar nicht, sie wollte schleunigst nach Neuhof zurück. Weil sie aber verwünscht ist, kommt sie jedes Jahr nur etwa einen Hahnenschritt vorwärts. Damit die Zeit ihr dabei nicht gar so lang wird, vertreibt sie die mit Spinnen. Es wird erzählt, dass sie mit einem goldenen Spinnrad in einem Dornbusch sitzt, oder in einer Höhle unter einem großen Stein. Wenn man ganz still ist und das Ohr auf den Stein legt hört man das Spinnrad schnurren. Ganz Wichtige wollen die Dükermutter mit eigenen Augen gesehen haben. Sie sei eine kleine rundliche Frau, die ein rotbuntes Kleid trug und dazu eine Haube mit zwei ‚Piepen' (Zipfeln).

Die Dükermutter galt noch ziemlich lange als ‚Kinderschreck'.

Dito* auf Rechnung

Nicht alle Poeler verbrachten auch ihren Lebensabend hier. Einige, darunter auch wohlhabende Bauern, zogen in die Hansestadt Wismar. Sie überließen den Hof ihren Kindern und genossen dort mit dem Ersparten ihr Altenteil. Auch der ehemalige Oberschulze der lübischen Poeler Dörfer, Hans Jakob Steinhagen, hatte in Neuhof gelebt und war nun in die Hansestadt verzogen. Beim Kaufmann ließ er sich dort ein ‚Kontobuch' einrichten. Das hieß, alles Gekaufte wurde gewissenhaft eingetragen und am Quartalsende in einer Summe beglichen. Steinhagen war ein gewissenhafter Mensch und verglich die Rechnungen auf ihre Richtigkeit. Er hatte viel eingekauft und alles war unter dem vollständigen Namen eingetragen. Aber was war denn das? Das Hausmädchen und auch seine Ehefrau hatten auffallend viel ‚dito' auf Rechnung gekauft. War das Naschzeug oder gar Schokolade? Er befragte beide umgehend, ob sie denn solche dito's gekauft hätten. Beide verneinten entrüstet – sie doch nicht. Da eilte er sofort zum Kaufmann und stellte ihn zur Rede. Kaufmann Schregel klärte ihn auf und zu Hause informierte er seine Frau mit folgenden Worten: „Mit disse Ditos dat's ne ganz narrsche Geschicht. Denk di bloß mal an: Dat ick'n Schapskopp bün und dat dei Diern ‚n Schapskopp is, dat heww‘ ck all min Dag wüßt. Äwer dat du'n Dito büst, dat hett mi nu Kopmann Schregel ierst bibröcht.“

Die Abkürzung ***dito*** *steht für gleichfalls, dasselbe oder ebenso und war früher ein oft gebrauchtes Kürzel.*

Neuhof Gestüt

Der Hof des Hans Jacob Steinhagen lag etwas höher als die anderen Höfe in unmittelbarer Nachbarschaft. Weil er höher lag und man herabschauen konnte erhielt er den Zusatznamen „Hans von Baben“ und diese Bezeichnung ist bis heute geblieben. Er war es auch, der viele Jahre vor Gericht stritt und am Ende auch gewann. Die hier ansässigen lübischen Bauern bekamen Unterschrift und Urkunde,

Prächtige Pferde grasen auf der Koppel in Neuhof

dass sie Herren über Grund und Boden waren. Dies war im Januar 1877, bestätigt im Fürstensaal zu Wismar.

Dieser landwirtschaftliche Familienbetrieb, heute ‚Gestüt Neuhof' im Besitz des Ehepaares Schulz, wurde bereits 1908 gegründet. In vielen Jahrzehnten kam auch die Pferdezucht hinzu, die sich in der 3. Generation erfolgreich fortsetzt. Gezüchtet werden Hannoveraner, Oldenburger und auch Deutsche Reitponys. Die Pferde sind aber auch ‚sportlich' unterwegs. Kutschfahrten, Reitunterricht mit eigenen oder eingestellten Pferden, Ferien auf dem Reiterhof etc. sind beliebte Aktivitäten bei den Pferdeliebhabern.

Niendorf

De Lücht

Das Licht, die Leuchte, auf Platt ‚de Lücht' erscheint auch auf Poel. Augenzeugen aus verschiedenen Orten erzählten von mehrfachen Begegnungen mit dieser Erscheinung auch im Sommer. Aber auf Poel hätte man es meistens im Winter gesehen.

Lange wurde von einem Poeler Knecht erzählt, dass er das Licht ganz deutlich zum Monatswechsel Februar–März gesehen hatte. Damals ging er zu seinem Wohnort Niendorf und auf dem Malchower Weg sah er es. Dieses Licht sauste in schneller Geschwindigkeit den Malchower Weg hinunter, bis zum Steinweg war es zu sehen. Plötzlich war da noch ein zweites Licht und beide umkreisten sich. Nach kurzer Zeit entfernte sich eins in Richtung Niendorf und das andere sah er in Richtung Gollwitz ziehen. In Niendorf angekommen berichteten ihm sogleich Männer, die vor dem Gehöft standen, dass sie Lichter gesehen hätten. Einer wollte es ganz genau gesehen haben: eins sei eine kleine Frau gewesen, deren Kopf erleuchtet war.

Im Winter 1921/22 wurde nochmals über das Licht berichtet. Da wurde eine kleine Frau beschrieben, die mehr schwebte als ging und deren Kopf auch hell strahlte.

Der Pieper

Teiche, die nicht besonders groß sind, werden umgangssprachlich auch als Kuhlen bezeichnet. Zur Unterscheidung gibt es oft auch noch den Familiennamen des Besitzers dazu. Unweit vom Kirchsee liegt Piepers Kuhl.

Pieper wohnte früher auf einem Bauernhof in Niendorf und Pieper war nicht sein Familienname, es war sein Spitzname. Er hatte eine sehr hohe Stimme und wenn er sprach, klang es immer so piepsig. Seinen Hof hatte er auf seltsam unrechte Art verloren und diese Missetat ließ ihn auch im Grab keine Ruhe finden. Nachts kam sein Geist immer wieder auf den Hof zurück, brachte alles in Unordnung, tobte herum und stiftete allerlei Unheil. Das ging eine ganze Weile so, dann wurde es den neuen Besitzern zu bunt. Sie beschlossen den Geist einzufangen und ihn an einem anderen Ort fest zu bannen. Dann käme er nicht mehr auf den Hof zurück. Allerdings konnte dies nur gelingen, wenn er innerhalb seiner Feldmark verbliebe. Nun ging es los, alle wollten ihn fangen aber keinem gelang es auf Anhieb. Erst als ganz kluge Beschwörungen angewandt wurden, ließ er sich in der Ofenröhre fangen. In einem sicheren Sack wurde er zum ausgewählten Ort gebracht: an eine Kuhle am Ufer des Kirchsees, die noch in seiner Feldmark lag. ....

Der ewige Jäger

Es soll einst ein reicher Bauer in Niendorf gelebt haben, der auch wegen seiner Jagdleidenschaft bekannt war. Von seinem Reichtum und von seiner Jagdbeute gab er niemals etwas ab. In seiner Nähe gab es einen kleinen Wald, in dem ein furchtbarer Eber hauste. Der Bauer beschloss, auch diesen Eber mit seiner Büchse zu erlegen. Es gelang ihm nicht, obwohl er schon mehrmals auf den Eber geschossen hatte. Nun sollte ihm eine alte Jagdlist helfen und dazu stieg er auf einen Baum. Von oben herab zielte er auf das Tietr, schoss und der Eber fiel getroffen zu Boden. Als sich der stolze Schütze über das vermeintlich getötete Tier beugte, sprang es plötzlich auf, riss ihn mit letzter Kraft zu Boden und verletzte ihn dabei schwer. Beide starben kurz nacheinander noch an dieser Stelle. Der Bauer soll nach seiner Beerdigung als Gespenst erschienen sein. Man erzählte, dass er von da an für immer ein Jäger war und niemals Ruhe fand.

De Waul

Geschichten und Sagen über den Waul gibt es viele, manche ähneln sich sehr. Es weiß auch keiner mehr so richtig, wo sie herstammen. Ein alter Handwerker erzählte es im Jahre 1927 einem Heimatforscher, dass die Alten aus seinem Umfeld selbst nicht gewusst hätten, was ein Waul eigentlich sei, wo er herkommt und wo er hinzieht. Viele meinten auch, der Draak (Drache) und der Wool seinen ein und dasselbe, eben nur mit unterschiedlichen Bezeichnungen.

Oertzenhof

Oertzenhof liegt am Ortsausgang von Kirchdorf, Richtung ‚Am Schwarzen Busch'. Heute gibt es hier moderne Wohnungen in ruhiger Lage. Über Oertzenhof ist in den Annalen kaum etwas vermerkt. In einer Veröffentlichung über die landwirtschaftliche Entwicklung der Insel (von Gertrud Lembke) fanden wir dazu folgende Informationen:

Ein Oberschulze Joachim Schwartz verwaltete 1693 neben Kaltenhof auch den Schwartzenhof, dieses einzelne Gehöft. Nach dem Aussterben der Familie Schwartz erwarb der Landrat von Oertzen den Hof und seitdem heißt er bis heute ‚Oertzenhof'. Etwa um 1750 wurde hier eine neue Meierei mit dem Namen Oertzenhof eingerichtet. Im Jahre 1792 wurde Oertzenhof schwedisch, das Königreich hatte ihn käuflich erworben.

Der alte Speicher von Oertzenhof wurde restauriert und dabei der einstige Aufzug am Giebel gut sichtbar erhalten. Er erinnert an längst vergangene Zeiten, als hier Waren eingelagert wurden.

Seedorf

Pöttermännchen füttert gerne

Ein Pöttermännchen, so ein kleinwüchsiges Kerlchen, soll einst hier in einem Stall die Pferde gefüttert haben. Wenn der Gutsherr abends mit den Pferden zurückkam, soll das Pöttermännchen ihm stets ein Stück des Weges entgegengekommen sein. Wenn die Pferde richtig ausgelassen waren und ordentlich gingen, dann hat sich Pöttermännchen auf eines gesetzt und sich dabei sehr gefreut. Waren die Pferde aber schweißig und lahm im Gang, dann war das Pöttermännchen tief traurig. Morgens, noch bevor die Knechte im Stall waren, hat Pöttermännchen die Pferde gefüttert. Sie waren dann schon rund und drall für den Tag.

Es wurde geackert

In Seedorf und auch im nahen Timmendorf ist diese Sage vom pflügenden Knecht bekannt.

Der Bauer sagte einst zu seinem Knecht, wenn er viel Acker haben möchte, so soll er ganz fleißig sein. Alles, was er an einem Tag umpflügt, sei dann sein Besitz. Der pfiffige Knecht hat sofort mit der Arbeit angefangen, aber nicht Furche um Furche, wie der Bauer gedacht hatte. Nein, er setzte den Pflug in Seedorf in den Boden und los ging es bis nach Wangern und dann durch Brandenhusen nach Seedorf zurück. Seitdem konnte er viel Land sein eigen nennen und davon soll der Begriff das Fehmerland* in Seedorf stammen.

**Fehmerland*

Ach Fehmerland, ach Fehmerland

ich sage Dir Preis und Ehre,

in alle Länder, wohin ich kam,

will ich Dein Lob vermehren.

Johann Friedrich Schütze (1758–1810) veröffentlichte im Holsteinischen Idiotikon, 4. Teil, 1806 die oben genannten Zeilen, die von vielen Chronisten weiter verbreitet wurden.

**Ist ‚Fehmerland' vielleicht ein Synonym für ein glückliches Land und zufriedene Menschen? Etwa so, wie es der Knecht in Seedorf nach seiner Ackerrunde war?*

Starker Knecht

In Seedorf hat vor langer Zeit ein Knecht gelebt, der riesige Kräfte hatte. Eines Tages kam der Teufel und bot ihm eine Wette an. Bei seiner Stärke könne er doch sicherlich auch Wasser aus einem Stein drücken. Der Knecht nickte zustimmend, fasst sich unauffällig geschickt ein Ei und zerdrückt es in seiner rechten Hand. Das Eiweiß, das der Teufel für Wasser hielt, lief nun direkt an seiner Hand herunter. Da war der Teufel sprachlos und konnte dem Knecht nichts anhaben.

Timmendorf

Namensgebung

Es soll sich anno 1257 hier in der Gegend so zugetragen haben. Siedler, die meist aus fernen Regionen kamen um sich anzusiedeln, konnten hier sesshaft werden. Deshalb hatten sie auch ihre Heimat verlassen und hofften nun auf ein besseres Leben. Einer dieser Siedler trug den Namen ‚Tymme', das ist sogar urkundlich verbürgt. Weil er und seine Leute hier ein neues Leben begannen soll diese Siedlung den Namen Timmendorf erhalten haben.

Franzosenzeit

Die Franzosen, wie sie genannt wurden, waren mit ihren Truppenteilen für längere Zeit in Mecklenburg heimisch, so auch auf Poel. Nun war es mir der sprachlichen Verständigung schwierig, die Einheimischen konnten kein Französisch und die Franzosen kein Platt. Verständigt haben sie sich mit einzelnen Wortfetzen und natürlich ‚mit Händen und Füßen'.

Die Franzosen redeten immer wieder von „Pomme de terre" und keine Hausfrau oder Mamsell verstand den Sinn. Einer Frau wurde dies Gerede zu viel, sie marschierte in den Schuppen und holte einen großen schwarzen Topf mit Teer. Unsanft ließ sie den Eimer mit Teer (ihr ‚terre') vor dem Franzosen auf den Boden fallen. Der Franzose stutzte, fasste die Frau lächelnd am Arm und zog sie in den Garten. Vor dem Kartoffelbeet blieb er stehen, zeigte auf die Pflanzen und sagte: „Pomme de terre". Lachend wurden Kartoffeln geerntet und dieses Missverständnis bereinigt.

In Timmendorf stand auf einem Bauernhof eine große Backmulde. Sie war eigentlich zum Einsäuern des Brotteiges gedacht, doch sie war leer und sauber. Plötzlich lag da ein Franzose drin. Der befahl einem alten Tagelöhner, ihn in der Mulde zu schaukeln und dabei auch noch Lieder zu singen. „Wer weiß, wie das noch kommt, dideldumm, wer weiß, wie das noch kommt", sang nun der Alte und es kam ganz anders als gedacht, aber für den Franzosen. Dessen Offizier stand plötzlich neben der ‚Wiege' und fragte den Alten was er da mache. Ich soll den Soldaten hin und her wiegen und dabei ein Lied singen, antwortete er. Der Soldat wurde bestraft, aber der Alte sang dieses Lied nun immer wieder.

Der Moort

Nach Timmendorf soll der Moort mit dem Boot über die Ostsee gekommen sein, so wird es erzählt. Eine menschliche Gestalt hat das Boot, das wie ein Backtrog oder eine Fleischmolle aussah, gesteuert. Als Ruder wurde eine Flachsschwinge benutzt und das Segel war ein großes Kornsieb. All diese Gerätschaften gelten seit alters her als uralte Zaubergeräte.

Hütejungen fanden nahe Timmendorf diese drei Zaubergerätschaften und versteckten sie im Korn. Eines Tages sahen sie den Moort kommen, der ganz traurig war und vor sich hin klagte. Als er die Kinder sah versprach er ihnen sechs Bolzen Leinen, wenn sie ihm seine Gerätschaften zurückgeben würden. Gesagt – getan. Später, erst viel später fand man das versprochene Leinen beim Mähen. Es war vom langen Liegen schon ganz vermodert.

Der schlaue Knecht

Ein Bauer in Timmendorf wollte seinen Knecht einst belohnen, weil er so lange treu und redlich bei ihm gedient hatte. Er solle so viel Land von ihm haben als er mit zwei Ochsen an einen Tag umackern könne. Er dachte, der Knecht würde brav Furche um Furche ziehen, aber der hatte eine Furche rund um die ganzen Äcker des Bauern angelegt. So kam es, dass die Scheiden und Grenzen in Timmendorf alle krumm und schief sind, als wenn – wie die Bauern so schön sagen – der Bulle in den Sand gepisst hätte.

Timmendorf Strand

Der große Stein

*Der Riese mit dem großen Stein im Hafen von Timmendorf Strand**

Der große Stein, den einst ein erzürnter Riese weit durch die Luft warf, liegt am Redewischer Ufer. Aber Timmendorf ist der Ausgangspunkt für diese Sage. Die hier ansässigen Riesen waren nicht gut auf weit in den Himmel ragende Kirchtürme zu sprechen, denn sie waren größer als sie selbst. Der Riese in Timmendorf war wohl ein besonders grantiges und übellauniges Exemplar seiner Gattung. Voller Grimm sah er in Richtung Festland etwas Spitzes in den Himmel wachsen. Wurde das schon wieder ein Kirchturm? Sein Entschluss stand fest, der Turm muss weg. Da nahm er einen riesigen schweren Findling aus

Die Reetdächer der Ferienhaussiedlung Timmendorf Strand tragen fast alle einen Ziergiebel. Hauptsächlich in Form der traditionellen nach außen schauenden Mecklenburger Pferdeköpfe, vereinzelt findet man auf Poel auch den Wendenknüppel als Giebelbrett.

Timmendorf, lief damit zum Strand hinunter und warf ihn mit viel Anlauf und Kraft Richtung Elmenhorst. Aber weit gefehlt, mit einem riesigen ‚Platsch' fiel der Stein bereits am Redewischer Ufer ins Wasser. Schwimmer, die vor langer Zeit zum Stein schwammen, konnten noch die Abdrücke von Hand und Finger darauf sehen. So fest hatte er den Stein beim Wurf umklammert. Inzwischen haben Wellen, Wind und Regen den Stein blank geschliffen. Aber der Fußabdruck des Riesen drückte sich beim Abwurf so tief ins Erdreich, dass er sich mit Seewasser füllte. Später wurde er weiter ausgebaggert und bildet heute das Gelände vom Hafen Timmendorf.

**Direkt am Hafen befindet sich diese Skulptur mit Sagentafel.*

Hühnergötter

Vom Leuchtturm Timmendorf Strand aus kann man entlang der Küste erfolgreich nach Hühnergöttern und anderen Versteinerungen suchen.

Hühnergötter sind Feuersteine unterschiedlichster Größe mit einem Loch, das durch den Stein geht. Ganz pragmatisch betrachtet ist es ein hartes Gebilde aus Siliziumdioxyd, das von Kreideeinlagerungen durchzogen ist. Im Lauf der Zeit wurde die Kreide vom Meerwasser ausgewaschen und die typischen Löcher entstanden. Diese Hühnergötter, auch Truten-, Schraten- oder Linsensteine genannt, wurden schon immer als Amulett verwendet, weil sie den Zauber von bösen Geistern abhalten können. Abwehr- und Heilkräfte können aber nur die echten Hühnergötter entfalten. Aufgefädelte Hühnergötter an der Hühnerstange angebracht sollen die Legeleistung fördern; ebenso bei Einlage im Nest. An Stalltüren gebunden vertreiben sie böse Geister und böse Wünsche. Natürlich erhofften sich auch die Menschen von so einem Stein Glück und Schutz vor Unheil. Ein Stein am Lederband ist noch heute ein beliebtes attraktives Mitbringsel von der Küste und von besonderem Wert, wenn er selbst gefunden wurde.

Unsere beiden Fundstücke von Timmendorf Strand

Sanddorn mit reichem Fruchtansatz

Sandorn

Besonders an der Küste–wild wachsend oder als Dünen- und Windschutz angepflanzt – wächst der Sanddorn prächtig. Er bildet viele Ausläufer und bietet optimalen Erosionsschutz. Deshalb wird er auch an Böschungen der Autobahnen und Bundesstraßen gepflanzt. Die Pflanzung von Sanddorn wurde in den vergangenen Jahren ständig erweitert.

Die beliebten Produkte aus Sanddorn werden in vielfältiger Art auch auf Poel angeboten.

(Buchtipp: Der Sanddorn, ISBN 978-3-944102-03-0)

Seehunde

Ganz ehrlich, wo kann man hier Seehunde sehen? Vom Hafen Timmendorf Strand aus schippert ein Ausflugsschiff genau dorthin. Voller Erwartung und angespannt schauen alle Fahrgäste in die Ferne

Seehunde vor Timmendorf in enger Gemeinschaft mit Kormoranen

und jubeln bei der ersten Sichtung. Man kann die Seehunde bei angemessenem Abstand gut sehen, bis sie ganz schnell wieder hinter der Sandbank abtauchen. Möwen, Kormorane und Schwäne sind auch sehr fotogene Begleiter dieser beliebten Tour.

Die Fischer des Ortes Fischkaten (zwischen Wismar und Poel) hatten einst wohl besondere Probleme mit der Anzahl der Seehunde, denn sie dichteten ein eigenes Lied dazu:

„Hal me den Seehund, den Seehund to Land,
hei hett uns Nett korträten,
uns alle Fisch upfräten,
hei hat uns Schaden dan,
wi will'n em dodslan!
Hal me den Salhund, den Salhund to Land."

Küstenrose und Schlehe

Beide Pflanzenarten kommen oft gemeinsam in Küstennähe vor. Erwünscht sind die Ausläufer der Pflanzen, die den sandigen Boden befestigen und somit dem Küstenschutz dienen. Die Blüten sind Nahrung für verschiedene Insekten und die Früchte werden gern von heimischen Tieren gefressen. Blüten und Früchte können vielfältig, auch zu Gelee und Marmelade verarbeitet werden. Aber bitte nicht im Bereich der Dünen ernten. Küstenschutz geht vor!

(Buchtipp: Schlehen & Hagebutten ISBN 978-3-910150-97-3)

Vogelschutzinsel Langenwerder

Gegenüber vom Gollwitzer Strand liegt die Vogelschutzinsel Langenwerder, die seit 1910 unter Schutz steht. Früher war diese Furt, die auch Kuhlenloch genannt wird, mit Schiffen befahrbar. Hier segelte einst Klaus Störtebecker entlang, um im Hafen von Gollwitz Schutz und Unterkunft zu suchen.

Früchte der Küsten- oder Kartoffelrose (Rosa rugosa)

Früchte der Schlehe (Prunus spinosa)

Diese 21 ha große Insel gilt als das älteste Seevogelschutzgebiet Deutschlands. Es ist ein imposantes Gewimmel von Seevögeln, die hier durch die Lüfte schwirren und auch brüten. Früher war hier sogar ein Vogelwärter fest angestellt. Er hatte auch die undankbare Aufgabe, die zweibeinigen Eierdiebe von den Nestern fernzuhalten, sofern ihm dies wirklich gelang.

Vorwerk

Das Gutshaus

Das Gutshaus wurde bereits um 1880 erbaut. Der in seiner Architektur doch auffällige Kuhstall erinnert an die damals intensive Viehhaltung. Überliefert ist, dass das Wirtschaftsgebäude im Wesentlichen auf den Grundmauern eines Vorgängerbaues, auch ein Kuhstall, errichtet wurde. Teile davon wurden nach der Zerstörung durch einen Brand für den Wiederaufbau genutzt. Auch einen Balken aus dem

Ein sommerliches Fotomotiv, mit Blick zum Kuhstall.

Jahre 175? – Jahreszahl konnte leider nicht vollständig ermittelt werden – setzten damals die findigen Zimmerer wieder ein. Der Sinnspruch auf dem Balken lautete:

„Bauen, das ist eine Lust, das es Geld kost, hab ich wohl gewusst. Aber ich tat es aus Not. Das weiß der fromme Gott“

Und dann geschah im Jahre 2000 das Unfassbare: der Balken verschwand in unbekannte Richtung…

Kornstehlerei

Hier in Vorwerk, zwischen Malchow und Gollwitz gelegen, wurde einst immer viel Korn gestohlen. Der Gutsherr war darüber nicht sehr glücklich, ganz im Gegenteil. Auch nach seinem Tod wurde noch lange erzählt, dass er über dem Geländer, auch Heck genannt, gelegen und auf sein Korn aufgepasst habe.

Spuk am Kreuzweg

Kreuzwege haben immer eine Besonderheit aufzuweisen und meistens ist hier ein undefinierbarer Spuk am Werk. Auch am Kreuzweg von Kaltenhof nach Vorwerk war es so, natürlich nur in der Nacht. Die Stunde um Mitternacht war besonders gruselig hier. Kam man da am Kreuzweg an, lief plötzlich neben den eingespannten Pferden ein fremder Schimmel. Sichtbar war nur das Hinterteil, aber nie der Kopf. Kurz vor einem Birnbaum war dann der ganze Spuk wieder vorüber, aber die Stränge der Pferde waren vom Fuhrwerk gelöst.

Walfisch

Die Blüse

Die Geschichte vom ewigen Blüser oder von der Blüse wird auch von den Gewässern nahe der Insel Walfisch erzählt. Im Zettelkasten von Richard Wossidlo gib es einen Hinweis darauf.

Insel Walfisch

Die Insel Walfisch gehört zur Hansestadt Wismar, aber diese Begebenheiten sind ganz eng mit der Insel Poel verbunden.

Die Insel Walfisch wird als ‚Aderholm' im Jahre 1271 erstmals erwähnt und ab 1542 nur noch als Insel ‚Walfisch' bezeichnet. Die stilisierte Form eines Walfisches gab ihr den Namen. Hier war während des Dreißigjährigen Krieges (1618–1648) auch eine Bastion, die zur Festung ausgebaut wurde. 1717 wurde die Festung geschleift und am 2.2.1718 der feste Turm gesprengt.

Der Poeler Will hat um 1925 erzählt, dass durch die Sprengung auf der Insel Walfisch auch der Kirchturm einen Riss erhalten habe.

Die Inselkirche wurde um 1210–1258 erbaut, dann auch umgebaut und sie steht bis heute fest auf ihren Fundamenten.

Lange unterirdische Gänge sollen von den Wallanlagen in Kirchdorf bis hin zur Insel Walfisch und dann noch weiter bis nach Wismar führen. Diese Gänge sollen mit Gold und Silber und anderen wertvollen Schätzen gefüllt sein. Sie wurden aber zugemauert, weil sich beim Spielen darin immer wieder Kinder verliefen, die nie wieder ans Tageslicht kamen. Nur die ganz alten Poeler hätten noch gewusst, wo sich Öffnungen der Gänge befunden haben. Lange wurde erzählt, dass im Abstand von zehn Jahren in diesen Gängen ein Hund so laut bellt, dass die Kühe auf den naheliegenden Wiesen auseinanderstieben, als wäre der Teufel hinter ihnen her.

Die Wälle und auch die damals noch offenen Eingänge waren einst ein beliebter Spielplatz für die Kinder in Kirchdorf.

Wangern

Das Gutshaus

Das alte Gutshaus wurde 1911 im Jugendstil erbaut und wird heute als ‚Ferienresidenz Steinhagen‘ geführt. Es soll wieder so sein wie nach 1920, als die ersten ‚lufthungrigen‘ Pensionsgäste kamen. Auf der Insel Poel hieß es damals für „die ut Dütschland“.

Monika Feiler, eine geborene Steinhagen, hält die Familientradition am Leben. Gemeinsam mit ihrer Familie hat sie mit viel Mut, Kraft und Verlusten ab 1995 diese Ferienresidenz aufgebaut, die heute vom Sohn Torsten Feiler geleitet wird. Nebenan steht in Sichtweite das ehemalige alte reetgedeckte Familienhaus. Die alten Poeler konnten sich noch an die Steinhagens erinnern, denn ‚Duggi‘ Steinhagen war einst sehr bekannt hier. Nun ist Monika Feiler wieder in der Heimat angekommen. In der ‚Ferienresidenz Steinhagen‘ finden Gäste Ruhe und etwas Abgeschiedenheit.

Gutshaus Wangern

Weitendorf

Steine vom Walfisch

In einem Wohnhaus in Weitendorf, wo einst der alte Will wohnte, sollen Steine vom gesprengten Schloss der Insel Walfisch eingebaut worden sein. So hat er es im Jahre 1927 seinen Nächsten berichtet.

Die Steine waren wirklich im Haus verbaut, allerdings wurde es nach so vielen Jahren bereits abgerissen.

In Weitendorf sind diese nach Innen schauende Pferdeköpfe als Giebelschmuck zu sehen. Dieser besondere Giebelschmuck ist im Ratzeburger Land üblich.

4 Schäpel Arften

Martens in Weitendorf trug 4 Scheffel* Erbsen nach oben auf den Boden, soll es noch weiter?

(Die Ernte war wohl sehr reichlich ausgefallen und der Bauer musste 240 Pfund Erbsen auf dem Dachboden lagern. Soll er die wohl alle hochtragen?–meinten einige im Scherz.)

** Plattdeutsch: ‚Schäpel' ist ein altes korbähnliches Maß aus Holz unterschiedlicher Größe. Darin konnten 60 Pfund (kleiner Schäpel) und bis 80–90 Pfund (großer Schäpel) Erbsen abgemessen werden.*

Sagen un Geschichten up Peuler Platt - in dat Plattdütsche oewerdragen von Hanns-Erich Winkelmann, Kirchdorf / Peul

Dei Ostseeinsel Peul is ierstmalig elmhunnertdreiunsoesstig (1163) urkundlich von Heinrich den Löwen, Herzog von Bayern un Sachsen, erwähnt worden. Dei Nam „Poel“ – einst ok „landtlein zu Pöle “– is „flaches Land“. Oewer ok de Awleitung vom altnordischen „Phol“ (germanische Mythologie) ist angängig. Mit soebenundörtig (37) Quadratkilometer steit dei Insel an soewte Stell in dei Uplistung dütscher Inseln. Dei välen Besoikers, de Johr för Johr taunähmen, können sick nich satt seihn an de Schönheit von Peul. De höchste Erhäbung up dei Insel ist dei Kieckelbarg mit soebenuntwintig (27) Meter.

Wier Gott „Balder“ hier tau Besoik?

Dei germanisch Gott „Balder“, ok „Baldur“ nennt, dat Geschlecht von dei Asen taugehürig, söll einst vör lange Tied dei Insel Peul besöcht hem'm. Na em würn dei Windbraer, dei an Gäweln von mit Reid deckt Schünen un Katen anbröcht sünd, nennt. Up ein senkrecht Brett is baben ne kreisförmig Schiew, dei in drei bit fief (3–5) strahlige Zacken endigt, dorstellt. Des Ort von Gäwelbraer sünd von uns bloß up dei Insel Peul funden worden. Dei Insel un dei gesamte Landschaft hett den'n germanischen Gott Baldur ganz uterordentlich gaud tausecht un dorüm hett hei ehr in ein ganz besonners Licht sett. Baldur wier dei Gott von dat Licht un ok von Reinheit, Schönheit und Tugendhaftigkeit wier dei Räd. In dei Sagenwelt is Baldur ok as Sünnengott bekannt un sien Fru Nanna as Mandgöttin.

Arztbesoik

Up dei Insel Peul wier vör Johren dei medizinisch Versorgung dörch ein'n Dokter ne Utnahm. Tau'n Husbesoik up dei Dörper führte dei Dokter mierst mit ne Pierkutsch mit Kutscher. Einmal harr dei Dokter ne Nahricht erhollen, dat sick up Peul

Steinhagens Knecht an Dach vörher ein Bein braken harr. „Dor möten wi woll disse Woch noch henn!“

Hexenprozess

Dat wier int Johr soessteinhunnertnägenunnägentig (1699), genau an soewten (7.) Februor, as dei Swienhäuders Lucie Bernitt ut Brannhusen dei Prozess – das niedergesetzte hochnotpeinliche Halsgericht – wägen Hexerie makt un sei schuldig spraken würd.
Brannhusen wier as Henrichtungsurt gliek tweimal utwählt worden: Up den'n Rug Barg, ok Henkersbarg beteikent un up den'n Köppenbarg.
Up den'n Köppenbarg in Brannhusen verloip ok dei Grenz twischen lübsch un schwedisch Gebiet von dei Insel Peul un je nah Wahnurt stünn man up das jeweilige Territorium. Dei Henrichtungsurt, von jede Sied tau kieken, wier also gaud utwählt worden.

In dat Tribunal seiten fief (5) Lüüd, so dei Buer Peter Aewert ut Brannhusen un ok sien Nawer, dei Buer Clas Winter, Dörpschulz ut Weitendörp. Dei Buer Peter Aewert, dei den'n Kronlüchter in dei Kark in Kirchdörp schenkt harr, wier tauglick Oberschulz von dei lübschen Dörper. Peter Aewert und Krischan Lembk, ok Buer ut Brannhusen, wiern de Dienstherrn för dei anklagt Swienhäuders.
Dei Swienhäuders Lucie Bernitt wier wägen Hexerie in twintig Punkten anklagt. Sei wier in allen Punkten geständig, ok bi dei vörrutgahn'n Anhürungen, fäulte sei sick schuldig. Dat letzt Verhür an den'n Dach wier woll dei Awschluss von dei ganze Anklag: Lucie Bernitt wier schuldig spraken, dornah wuer ehr dat Krüz braken un ehr Liew up den'n Köppenbarg an dat Füer owergäwen. Dortau lürrten dei Glocken in Kirchdörp. Dei Minschen, dei dat beläwt harrn, güngen taufräden nah Hus.

Defekter Galgen

Dat ehemalige Gaudshus in Brannhusen leig up ne lütt Anhöchte un künn ok Standurt von den'n Galgen wäst sien, oewer dei „Henkersbarge" leigen wierer östlich. Brannhusen wier von dei „Obrigkeit" taun Henrichtungsurt utwählt wurden. Soen Galgen ut Holt ward irgendwann morsch un anfällig för dei Standhaftigkeit. Dei „Obrigkeit" wier sporsam un wull kein Geld för den'n niegen Galgen utgäwen. Nu wier dat werrer so wiet, dat ein Peuler von dat Gericht taun'n Dod dörch den'n Strang verurdeilt wuer. Oewer dei Galgen wier defekt, wat nu? Dei Lösung wier einfach. Den'n Verurdeilten tellte man drei Daler in dei Hand un em wuer secht: „Gah man nah Swerin hen'n un lat di dor upbammeln". Dei Verurdeilte noim dat Geld un moik sick up den Wääg. Nah einiger Tied froig ein iefriger Beamter in Swerin nah un hett erfohren, dat in Swerin kein Peuler Dodeskandidat ankamen wier, dei sick uphängen laten wull. Dat Läwen wier gerettet, miehr Glück künn dei verurdeilte Peuler nu würklich nich hem'm. Hei wier för ümmer ünnerdückert.

Löppelstein

An'n Westingang, unmittelbor an dei Dör taun'n Karkinner'n, sünd miehrere Löppelstein sichtbor. Meist tau dei Stunn üm Mitternacht wuer einst ut dei Teigelstein Material (Backsteinpulver) ruterkratzt, dat kranke Minschen helpen söll.
Ob sick dat tatsächlich üm Löppelstein orrer bloß üm kreisrunde Verwitterungen von den'n ollen Teigelstein hannelt, is nicht nahwiesbor.
Disse Löppelstein hem'm ümgangssprachlich väle Namen: Blaut-, Druiden.-, Feen-, Hexen-, Näpfchen-, Opfer-, Schälchen orrer ok Düwelstein.

Dei Düwel pumpt

Bi Sagen mit den'n Düwel kümmt dat gaud an, wenn dei Bösewicht ok noch dei Dumme in dei Geschicht is.

Dei Düwel harr eins ein Schipp leddig pumpen wollen. Oewer dei Schipper hem'm em den'n Pumpenschlauch gliek butenbords int Wader leggt. Dot hett hei nu pumpt un pumpt, ümmer fixer un wilder. Tauletzt, as hei total ut dei Pust wier, hett hei secht: „Dei Kahn is leck as ein Waschkorw".

Starker Knecht

In Seedörp hett vör langer Tied ein Knecht läwt, dei wier bannig stark. Einmal wier dei Düwel kamen un hei hett den'n Knecht ne Wett anbaden. Bi soväl Krasch müss hei doch Warer ut den'n Stein drücken können. Dei Knecht wier nich bloß stark, hei wier ok äbenso plietsch; hei noim fixing ein Ei un drückte dat kaputt. Dat Eiwitt, dat dei Düwel för Warer hölt, läup nu direkt ut sien Hand. Dat versloig den'n Düwel dei Sprak un hei künn den Knecht nix anhem'm.

Dei Moort

Ok in Timmendörp vertellt man dei Geschicht von'n Moort, dei mit ein Boot oewer dei Ostsee koim. Ne minschliche Gestalt hett dat Boot stüert, dat as ein Backtrog orrer as ne Fleischmoll utseich. As Rauder deinte ne Flassschwing un dat Sägel wier ein grotes Kurnseiw. All disse Gerätschaften sünd urolle Zaubergerät'. Bi Timmendörp hem'm Jungs, dei biet Häuden wiern, disse drei Zaubergerätschaften funnen und sei hem'm ehr int Kurn verstäken. Eines Dags hem's den'n Moort kamen seihn, hei wier ganz trurig un klagte vör sick hen. Hei versproik dei Kinner söss Bolzen Linnen, wenn sei ehm sien Gerätschaften trög gäwen würn, secht und daan. Spärer, ierst väl spärer, hett man dat versproken Linnen biet Meiden funnen. Dat wier von dat lange Lingen all ganz vermodert.

Häuhnergötter

Von'n Lüchttorm an'n Timmendörper Stran'n ut man entlang dei Küst erfolgriek nah Häuhnergötter un annere Versteinerungen soiken.

Häuhnergötter sünd Fuerstein ünnerschiedlichster Grött mit ein'n Lock, dat dörch den Stein geiht. Ganz pragmatisch anseihn, is dat ein hartes Gebild' ut Siliziumdioxyd, dat von Kriedinlagerung dörchtreckt is. In Vörloop von dei Tied ist dei Kried von't Meerwarer utwascht wurn un dei typischen Löcker sünd entstahn. Dei Häuhnergötter, ok Truten- orrer Schratensteine un Linsensteine nennt, wuern giern as Amulett bruckt, wiel sei den'n Zauber von bös' Geistern affhollen können. Awwehr und Heilkräfte künn'n oewer bloß dei echten Häuhnergötter bewirken. Upgefädelte Häuhnergötter an dei Häuhnerstang' söllen dat Eierleg'n fördern, gradso bi dei Inlaag int Nest. An Stalldören bunnen, würn bös' Geister und bös' Wünsche in dei Flucht schlang'n. Dei Mischen erhoffen sick von ein'n Stein Glück un Sägen un Schutz vör Unheil. Wenn ein'n an dei Küst ein Häuhnergott findt, fädelt hei em oft an ein Lerrerband un süht darin ein Mitbringsel mit besonnerem Wert.

Literaturverzeichnis

Autorenkollektiv: Die Insel Poel und ihr Heimatmuseum; Hrsg. Heimatmuseum Insel Poel, Kirchdorf, 1987

Autorenkollektiv: Insel Poel; Hrsg. Förderverein des Heimatmuseums der Insel Poel e.V.; Kirchdorf, 2. Aufl., 2003

Autorenkollektiv: Sagen von der Insel Poel; Hrsg.: Förderverein des Heimatmuseums der Insel Poel e.V., Poel, 2. Aufl., 2011

Autorenkollektiv: Hans Lembke, ...Pflanzen züchten war sein Leben, Hrsg. Museumsverein Insel Poel e.V., Kirchdorf, 2011

Autorenkollektiv: Von der Fischerei bis zum Bootsbau auf der Insel Poel; Hrsg. Museumsverein Insel Poel e.V., Kirchdorf, 2. Aufl., 2016

Autorenkollektiv: Gedenkstätten für die Opfer des Nationalsozialismus, Bundeszentrale für politische Bildung, Band II, Bonn, 1999

Autorenkollektiv; Die Bau- und Kunstdenkmale in der mecklenburgischen Küstenregion; Henschel Verlag GmbH Berlin, Berlin, 1990

Autorenkollektiv: Denkmale in Mecklenburg; Hermann Böhlaus Nachfolger, Weimar, 1978, 3. Aufl.

Bartsch, Karl: Sagen, Märchen und Gebräuche aus Mecklenburg, Band 1, Wien, 1879 / 80

Baumgarten, Karl: Kleine Mecklenburgische Bauernhaus–Fibel; Mecklenburgisches Folklorezentrum für die drei Nordbezirke, Hrsg. Kreisverwaltung Rostock-Land, Rostock, 3. Aufl., 1992

Baumgarten, Karl: Das Bauernhaus in Mecklenburg; Akademie Verlag, Berlin, 1965

Bächthold-Stäubli, Hanns: Handbuch des deutschen Aberglaubens; Verlagsgruppe Weltbild GmbH, Augsburg, 2000, Band 4, Band 5 und Band 7

Biesalski, Kurt: Von Feuerkugeln, Schätzen und Ungeheuern; Hinstorff Verlag GmbH, Rostock, 1997

Biesalski, Kurt: Die rauhbeinigen Zwerge von Mecklenburg, Hinstorff Verlag GmbH, Rostock, 1999

Borchert, Jürgen: WISMAR; Stadtspaziergänge und Landfahrten; Stock & Stein Verlag, Schwerin, 1997

Burkhardt, Albert: VINETA, Sagen und Märchen vom Ostseestrand; VEB Hinstorff Verlag Rostock, Rostock, 4. Aufl., 1990

Drühl, Christin und Tremmel, Robert: Wismar & Nordwestmecklenburg; via reise verlag Klaus Scheddel, Berlin, 4. Aufl., 2019

Freybe, Albert: DasRedentiner Osterspiel in gemeindeutscher Sprache; Druck- und Verlag von C. Bertelsmann, Gütersloh, 1901

Frimodig, Heidemarie; Koal, Erika; Lübeck, Karla-Christine und Völzer, Rita: Trachten in Nordwestmecklenburg; Hrsg. Landkreis Nordwestmecklenburg, Grevesmühlen, Einblicke Heft 6, o.J.

Gerling, Reinhold: Mecklenburger Sagenschatz; F. Beholtz'sche Verlagsbuchhandlung, Stavenhagen, 1907

Gillhoff, Johannes: Jürnjakob Swehn der Amerikafahrer; Steiniger-Verlage Berlin, im Dom-Verlag, o.J. (wahrscheinlich um 1930)

Harmel, Siegfried: Sagen vom Klabautermann; Hinstorff Verlag GmbH, Rostock 2008

Hänsel, Thilo: FUSS SPUREN AUF POEL; NOTschriften Verlag Radebeul, 2014

Holtz, Gottfried. Kirchen auf dem Lande, mit Fotos von Karl+ und Wolfhard Eschenburg; Evangelische Verlagsbuchhandlung, Berlin, 1960

Hubrich-Messow, Gundula: Sagen aus Mecklenburg; Husum Druck- und Verlagsgesellschaft mbH & Co. KG, Husum, 1995, „. Aufl.,

Krogmann, Willy: Das Redentiner Osterspiel; (De Resurrechtione), Leipzig, S. Hirzel Verlag, 1964, 2. Aufl.

Kröplin, Otto: Hundert Sagen aus Wismar und seiner Umgebung; Hrsg. Pädagogisches Kabinett der Stadt Wismar; Wismar, 1957.

Lembke, Gertrud: Die Entwicklung der bäuerlichen Verhältnisse auf der Insel Poel vom 12. Jahrhundert bis 1803; Mecklenburgische Jahrbücher, Band 99, 1935, S. 1-106

Lisch, C. C. F. Archivrath: Mecklenburg in Bildern; Lithografie und Druck Verlag der J. G. Tiedemannschen Hof-Steindruckerei, Rostock, 1844

Löser, Evemarie und Frank: Sagen und Geschichten der Kulturlandschaft Lewitz mit Sagen in Plattdeutsch; Verlag Harald Rockstuhl, Bad Langensalza, 2015, 3. Aufl.,

Meyer, Dr. phil. Enno: Die Insel Poel; Kommissions-Verlag: G. B. Leopold's Universitäts-Buchhandlung, Seestadt Rostock, 1940

Meyer-Scharffenberg, Fritz: Die Insel Poel und der Klützer Winkel; Rostock, Hinstorff Verlag GmbH, Rostock, 1962, 1., veränd. Aufl., 2000

Nachtigall, Walter und Werner, Dietmar: Der schweigsame Fischer; Verlag Die Wirtschaft Berlin, Berlin, 1988

Niederhöffer, Albert: Mecklenburgs Sagen; Edition Temmen, Bremen, 3. Aufl., 2002

Pump, Jürgen: Gesichter & ihre Geschichten, Hrsg. Karl Christian Klasen-Gesellschaft e.V., Malchow/Insel Popel, o.J.

Pump, Jürgen: Die Insel Poel in alten Ansichten; Bd. 1; Europäische Bibliothek, Zaltbommel,/Niederlande; 1999, 4. Aufl.

Remmel, Herbert: Als ein Schinken vom Himmel fiel; Hrsg. Gemeinde Pinnow, EDITION digital Pekrul & Sohn GbR, Pinnow, 2018

Reinicke, Rolf: Rügen Strand & Steine; Demmler Verlag, Schwerin, 1991; 5. Aufl. 2004

Richter, Klaus-Peter: Denkmale im Kreis Wismar; Hrsg. Kulturbund der DDR, Kreisleitung Wismar, Rat des Kreises Wismar, Wismar, 1982

Rudloff-Schwerin, Dr. A.: Bilder aus der Mecklenburgischen Geschichte; A. Stein's Verlagsbuchhandlung, Berlin-Halensee und Leipzig, 3. Aufl., 1870

Saegebarth, Joachim: Zur Geschichte der Festung Poel; Hrsg. Museumsverein Insel Poel e.V., Kirchdorf, o.J.

Saegebarth, Joachim; Baudis, Heinrich und Schröder-Lembke, Dr. Gertrud: Insel Poel; Hrsg. Gemeinde Ostseebad Insel Poel, Kirchdorf, 2007

Schaad, Martin: Die Hexen von Poel; Schriftenreihe der „Freunde und Förderer des Archivs der Hansestadt Wismar e. V.“, Wismar, Band 13, 2021´

Schleinert, Dirk: Die schwedische Landaufnahme der Insel Poel 1698; Edition Temmen, Bremen, 2009

Schlie, Prof. Dr. Friedrich: Die Kunst- und Geschichtsdenkmäler des Großherzogthums Mecklenburg-Schwerin, Schwerin i. M., Druck- und Vertrieb der Bärensprungschen Hofbuchdruckerei, Kommissionär K. F. Köhler, Leipzig, 1. Aufl. 1896; Reprint Stock & Stein Verlags GmbH, Schwerin, 1992

Schmidt, Hans Joachim et.al. : Sagenhafte Geschichten aus Mecklenburg, Universitöt Rostock, Philosophische Fakultät, ewa–editionen des wossidlo-archivs Rostock, 2009

Schmied, Hartmut: Die Schwarzen Führer, Mecklenburg-Vorpommern; Eulen Verlag Harald Gläser, Freiberg i. Breisgau, 2001

Schmied, Hartmut. Geister, Götter, Teufelssteine; Hinstorff Verlag GmbH, Rostock, 3. Überarbeitete und aktualisierte Auflage 2018

Schottmann, Brigitta: Das Redentiner Osterspiel; Philipp Reclam jun., Stuttgart, 1975 (Übersetzt und kommentiert von Brigitta Schottmann)

Schröder, Otto: Bilder aus mecklenburgischer Sage und Geschichte, Hinstorffsche Verlagsbuchhandlung Wismar i. Meckl., 1930

Stender, Ilse: Dat oll‘ Hus; Schriften des Ateliers für Porträt- und Historienmalerei, Schwerin, Bd. 10, 2002

Wagner, Dr. Richard: Bilder aus der mecklenburgischen Geschichte und Sagenwelt; Wilhelm Süsserott, Hofbuchhändler, Berlin, 1910, 5. Aufl.

Wendt, Ralf et.al: Mecklenburgische Volkstrachten; Hrsg. Volkskulturinstitut Mecklenburg und Vorpommern im Kulturbund e.V. Rostock und Landesheimatverband Mecklenburg-Vorpommern e.V., Schwerin, 3. Aufl., 1998

Wossidlo, Richard: Mecklenburgische Volksüberlieferungen, Rostock [u.a.] : Hinstorff, 1897-1931

Leipziger Buchmesse. Foto: Annekathrin Rockstuhl

Autorenvita

Evemarie Löser

1949 in Ulrichshalben, unweit von Weimar geboren. Nach Schulzeit und Berufsausbildung Meister für Lederverarbeitung. 1973 Umzug nach Schwerin/Mecklenburg. Von 1980 bis zum Ruhestand 2012 nach zahlreichen Aus- und Weiterbildungen im Sozialwesen/Öffentlicher Dienst tätig. Neben Familie (2 erw. Kinder) und Beruf immer Freude am Umgang mit Menschen. Liebt die Kommunikation in Wort und Schrift, die Natur und kreatives Gestalten

Dr. Frank Löser

1944 in Lößnitz bei Freiberg/Sa. geboren. Nach Schulbesuch Gärtnerlehre, Besuch der Fachschule für Pflanzenschutz in Halle/S., Mitarbeiter im Pflanzenschutzamt Karl-Marx-Stadt, Fernstudium zum Dipl.-Agr.-Ing., danach außerplanmäßige Dissertation. Lebt seit 1984 in Schwerin/Mecklenburg, 2 erw. Kinder. Ab 1990 bis zum Ruhestand selbständig im Bereich Werbeakquise tätig. Seit seiner Jugend interessiert er sich leidenschaftlich für die Natur, Heimatkunde und die Sagenwelt.